Catorce poetas que beben capuchino

Colección Papeles Salvajes
Homenaje a Marosa di Giorgio
Poesía Experimental

Experimental Poetry
Homage to Marosa di Giorgio
The Wild Papers Collection

José María Zonta

CATORCE POETAS
QUE BEBEN CAPUCHINO

Nueva York Poetry Press®

Nueva York Poetry Press LLC
128 Madison Avenue, Oficina 2NR
New York, NY 10016, USA
Teléfono: +1(929)354-7778
nuevayork.poetrypress@gmail.com
www.nuevayorkpoetrypress.com

Catorce poetas que beben capuchino
© 2025 José María Zonta

ISBN-13: 978-1-966772-04-0

© Wild Papers Collection vol. 1
Experimental Poetry
(Homage to Marosa di Giorgio)

© Publisher & Editor-in-Chief:
Marisa Russo

© Editor:
Francisco Trejo

© Layout Designers:
Moctezuma Rodríguez

© Graphic Designer:
William Velásquez Vásquez

© Cover Illustration
OCNI
Objeto capuchino no identificado
created by J. M. Zonta
using AI Microsoft Designer

© Photographs of the Authors:
Personal archive

Zonta, José María
Catorce poetas que beben capuchino; 1ª ed. New York: Nueva York Poetry Press, 2025.
290 pp. 6"x 9".

1. Costa Rican Poetry 2. Latin American Poetry

All rights reserved. No part of this publication may be reproduced, distributed, or transmitted in any form or by any means, including photocopying, recording, or other electronic or mechanical methods, without the prior written permission of the publisher, except in the case of brief quotations embodied in critical reviews and certain other non-commercial uses permitted by copyright law. For permissions contact the publisher at: nuevayork.poetrypress@gmail.com.

Aclaración

Aunque este libro se presenta con el formato de Antología, su prólogo, todos sus poemas, notas biográficas, epígrafes, notas a pie de página y en general todo el contenido, es creación originaria e inédita de José María Zonta. La Antología, o sea, la reunión de poemas de distintos autores, es el formato elegido para escribir y presentar un libro unitario e inédito, de un autor individual.

*Agradezco su inestimable apoyo
a la Agencia Espacial de Turrialba,
a la Cámara de Comercio en los semáforos de Hatillo,
a la Fundación Poetas Unidos, de Alajuela,
a la Cooperativa Poetas exterioristas, de Heredia,
a a Federación de Poetas sin dinero, de Puntarenas,
y en especial, a mi mecenas, Luvovica Forbelsky,
por concederme una beca de catorce años en Costa Rica
con todos los gastos cubiertos,
para realizar esta Antología.*

En un territorio de granos de café
sus poetas son recolectores
que el horizonte hechiza.

ADRIÁN VENEGAS

Mirando al Sol tostar granos de café
aprendimos a escribir poemas.

TOMOE YAKAMURI

Prólogo:
Unos tuestan granos de café, otros escriben poemas

Ningún antologador de Poesía dirá que la selección fue fácil. Todos afirmarán que la escogencia fue ardua. Así que, plácidamente, caemos en el lugar común: ha sido difícil hacer coincidir estos poetas para esta foto en movimiento de la Poesía costarricense. Bien, cumplidos los buenos modales, entremos al ruedo.

No se engañen, la cortesía termina con los epígrafes que abren esta Antología, porque la Poesía de Costa Rica es una lucha entre geishas y samuráis, entre leonas y gladiadores, entre duendes y hadas, entre brujas y magos. No entraré en polémica con el crítico Gaspar Esneider[1].

Cuando se corrió la voz de que yo estaba en Costa Rica preparando la Antología, se desató una guerra entre poetas, no tanto para ser incluidos sino, ferozmente, para excluir a otros. El país, de frontera a frontera y de costa a costa se llenó de *fake poetic news*, circulaban listas de seleccionados con poetas que yo ni sabía de su existencia, se crearon perfiles falsos en Facebook y en Instagram, siendo "Antología del milenio" el más influyente, con más de catorce millones de seguidores. Tuve que cambiar de hotel nueve veces, salir disfrazado, y reunirme con los poetas clandestinamente.

Los críticos me preguntan por la ausencia de José María Zonta en esta Antología. La Poesía de Zonta está sobre valorada, su insistencia en negar la sagrada Inspiración y sustituirla por la

---

[1] En su artículo: "Hoy Platón los volvería a echar de su República", Revista Hipogrifo, de la Universidad de Bagdad, setiembre – octubre del 2023, Esnáider sostiene que los poetas de Costa Rica celebran más la decadencia ajena que los triunfos propios, y llama a este país el Reino de la EgoPoesía.

Inteligencia Lingüística de Howard Gardner disgusta a la Cúpula. La trayectoria de Zonta es su línea de flotación, pero criterios estéticos hacen de su exclusión la más sensata de las alternativas. Sin excepción, todos los antologados amenazaron:

—Si incluyes a Zonta, no cuentes conmigo.

Que las musas, en las que Zonta no cree, lo perdonen.

En esta Antología figuran distintas estéticas, de la experiencia, culturalista, vanguardista, realista, social, existencial, gastronómica, orientalista, novísimos y alguno que por un pelo escapó de la Generación de los Setenta. Los participantes aceptaron con la condición de que en este prólogo no usara las palabras "incesante búsqueda", "credos poéticos" y "hermetismo ilustrado". La mitad de los antologados reconoce influencia de los cantantes italianos de los setenta, como Claudio Baglioni, Gigliola Cinqueti, Umberto Tozzi, Gianni Bella, Mina, Sandro Giacobbe, Lucio Dalla y Ornella Vanoni, entre otros. La otra mitad confiesa influencia de chefs rusos, como Anatoy Komm, Konstantin Iviev, Andréi Kolodiazhni y Vladimir Mukhin.

Sobre las carencias del título de este libro, las admito, es una mala ocurrencia de la editora, pero necesitábamos uno que sugiriera un colectivo, y la reunión alrededor de una taza de café nos daba ese centro de fogata. Además, fue el título que mejores profecías tuvo en muchas lecturas del Tarot.

La variedad de estilos y texturas va desde la prosa poética de Chase, pasando por el haiku de Cristy Van der Laat, el graffiti de Jorge Arturo Mora, la Poesía originaria de Minor Arias y el verso libre de Paola Valverde. Todos los temas están presentes, y todas las temperaturas a las que se puede asar un poema. Una poeta ha objetado el título de la Antología, argumentando que ella es intolerante a la cafeína, y nos ha interpuesto una demanda para cambiarlo, afortunadamente una medida cautelar de la Jueza del Juzgado Primero Civil de San José nos ha permitido publicar.

Cada sección de este libro es una casa que hemos construido con esmero, para que los poetas sientan comodidad y techo.

Aprovecho para desmentir vehementemente, como tantas veces hice con esta Antología, que ya haya comenzado a trabajar en la selección de *Catorce poetas que beben té chai*, cuya portada ha quedado hermosa.

Esta Antología es un menú de la Poesía Costarricense, ninguno de sus poemas supera los tres centímetros de peso, por lo que caben en la circunferencia de un aperitivo. Requieren, quizá, un paladar artesanal. Cada poema cree que es un pincho de calamar.

Los antologados se presentan en riguroso desorden alfabético.

Los prevengo, se adentran en campo minado, porque en la Poesía de Costa Rica la sangre llegó al río.

Esta Antología es el río.

EMERICH VOGL
Antologador

Marjorie Ross

Es una figura televisiva, luego de ganar la reciente edición del *Master Chef Celebrity Poetic América*. Es conocida como la "Poeta Chef", pues ha publicado libros de Poesía y de Gastronomía, y también destaca como novelista y ensayista. Es dueña de la cadena de restaurantes El Caldito Milagroso, en México, Argentina, Chile y Colombia. Su tesis de maestría en la Universidad de Oxford se tituló: *Pollo a la metáfora y arroz con epígrafes*. En la Universidad de Cambridge cursa el Doctorado en Literatura de Sabores, y ha titulado su tesis: *Consecuencias poéticas de la empanada de queso*. En Poesía ha publicado *La costumbre de la empanada*, *La trucha que aprendió el idioma del aceite de oliva* y *Sueños de hojaldre*. En ensayo gastronómico ha publicado: *El uso del adjetivo en la paella* y *Cien recetas para que la trucha parezca una berenjena*. Publicó el libro de cuentos infantiles *La alcachofa confitada que huyó de la conserva*. En novela ha publicado: *Caída del Muro de Merlín*, *La chef del Presidente* y *El asesino que mata mientras hace la digestión*. Trabaja en una Antología de su obra, titulada *El paladar de las libélulas*. Los textos seleccionados pertenecen a su libro *Las especias que nos inventaron en el Siglo IX andalusí*, en el que descubre la influencia de la Poesía sufi en la Gastronomía. Incluimos su célebre suite *Los cinco movimientos de la vida sufi*, cuyo video tiene ochocientos catorce millones de reproducciones en YouTube[2]. Para el Clan Capuchino, que mantiene buenas relaciones con el Clan Celentano, a través de la recordada amiga en común Raffaela Carrá, es un gran honor que la Maestra Marjorie haya accedido a formar parte de esta Antología; su membresía de honor le permite beber capuchino gratis, vitaliciamente, en Giacomin (no aplican restricciones, incluye quequito de zanahoria ilimitado).

---

[2] Marjorie ha despegado como influencer, tiktoker y youtuber, siendo la segunda persona en el planeta con más seguidores, después de Cristiano Ronaldo, que la sigue y comenta sus publicaciones. Aprovecha su popularidad para salvar sopas, guisos y picadillos en peligro de extinción. Sus ganancias por participar en esta Antología las donó a la Fundación Cuadernos y Desayunos, que provee de materiales escolares y alimentos a niños en África.

Derribo la pared norte y entran las palomas de la Mezquita.
Derribo la pared este y entra el perfume de Muzna, la cautiva.
Derribo la pared sur y entra la tormenta que aprende modales de brisa.
Derribo la pared oeste y entra el futuro que duerme en Andalucía.
Me he quedado sin casa,
pero ven, pasa.

MARWAN II AL-HIMAR

LOS CINCO MOVIMIENTOS DE LA VIDA SUFI

Cinco pasos te separan de tu vida más lejana.
AMINA AUAD

I

Naces.
Con los ojos cerrados tocas el agua pero no eres anfibio.
Husmeas el aire pero no eres de viento.
Pruebas el fuego pero no eres de lumbre.
Caminas en la tierra, te asientas, eres un ser de pasos,
de suelo, de barro, de territorio, de cultivo.
Te mueves. Rasgas la tela que la araña tejió para protegerte.
Viven imperios fundados unos sobre otros,
crecen iglesias sobre las ruinas de las anteriores.
Nadie te pregunta, pero ya participas en la refriega.
Hay una mesa con pan y agua y otra mesa con un banquete.
Desde un estanque te miran peces.
Nadie te indica cuál mesa es tuya, de una caen tormentas,
de otra felinas.
Comprendes que tu mesa no existe y debes construirla.

II

Creces.
Tu alma llegó antes y debes encontrarla.
Eres su camino.
Tu alma vuela, arde sin quemarse.
Sin tu alma serás una espiga que no comprende
la danza del aire.
Tu alma se transfigura, ayer fue elefante, mañana será tigre.
Hoy es relámpago e inaugura la tormenta.
Tu alma confunde el siempre con el nunca.
¿Cómo atrapar tu alma relámpago en tu cuerpo y completar
el ciclo?
Tu alma se acerca, tiene sed, bebe un poco de amor
de tus manos.
Te abres.
Entra.

III

Elaboras.
Te pareces al frío.
Conviertes una abeja en un copo suspendido.
Al invierno llamas hogar, al aire aterido llamas casa.
Caminas sobre la nieve
hasta que llegas a la frontera que llaman primavera.
Tu mundo se descongela.
El primer copo que la primavera deshace es tu corazón.
Tu alma es una temperatura.
Viajas al polo, hay menos sol,
allí podrías ser eterna.
El frío no duerme, viajas en su caravana.
Tal vez tu madre es la rama más brisa del invierno.

IV

Maduras.
Escribes palabras que atraviesan la niebla, se convierten
en otro idioma y dejan de ser tuyas.
Dejas huella y el horizonte te atiende
como una sombra en busca de la luz que la defina.
Encuentras tu biografía con las páginas en blanco.
La cumbre te reta.
La maduración de las frutas llega a tu mitad.
Lo que comienza como una suma de gotas
se convierte en el río de tu libertad.
Hay un precipicio, caes o aprendes a volar.

V

Conservas.
Reapareces vestida de lana.
Aprendes no de la gota que cae sino de la gota que vuela.
El sabor del vino no viene de la uva sino de la brisa
que mece el ramo.
Un pájaro sobre una rama no es una profecía: es un mensaje.
Visto desde el oleaje el final es un volver a comenzar.
Eres la rama. Aguantas.
La grulla sabe que puede caer, pero con el viento volará[3].

---

[3] En nuestra traducción no coincidimos con Sircundo Balmaceda, que en su artículo *La Poesía que vuela. Uso de los pájaros en la Poesía de América Latina*, Revista "Hojas húngaras", Universidad de Budapest, 2011, en vez de "grulla" prefiere "gorrión", por la resonancia nórdica de la palabra "garza".

AFSANA

> *Soy un recorrido casa por casa a nivel del mar.*
> MINOR ARIAS UVA

Mezclando menta, azafrán y cúrcuma Afsana crea
el sábado.
Hacía falta un río entre viernes y domingo
para que los deseos abreven y los astros se reflejen.
La gente del viernes entra despacio, tanteando el futuro.
Afsana fermenta uvas, por eso el sábado huele a música.
Día del viñedo, del bosque y de la tierra húmeda.
Día del techo que gotea, de la raíz, del surco.
Día para que el muro comprenda la sabiduría del musgo.
Después el Concilio de Trento intentará apoderarse
de sus besos
tamaño durazno, de sus placeres tamaño río abajo,
pero ya Afsana había sembrado el sábado de pecado,
de cuerpos que comprenden su peso en la hierba
si van descalzos.
Afsana pone en mi saliva una ramita de canela,
yo sueno el tambor del que nace el Amazonas,
insisto, hasta que despierta su sombra.

Shafat

Quiero escribirte un poema pero Ahmad al-Biruni
no ha inventado
la ortografía de las manzanas.
Mohammed Taragai no ha inventado la caravana
de girasoles
que llamarán poema.
Omar Ibn Ibrahim no ha inventado la caligrafía
de los tulipanes.
Están descubriendo estrellas, registrando colisiones
de galaxias.
Están atareados en las operaciones del Universo.
Sinan al-Battani se apiada y me lanza palabras que sobraron
del eclipse, voces que dejó caer el cometa.
Y las extiendo en el valle tratando de organizarlas,
pero llueve. Mojadas se vuelven piedras.
Abbas Ahmad me advierte que a esa figura llamarán puente.
Que sirve para reunirse, para marcharse y regresar.
Como si tú fueras una orilla y yo otra.
Como si construir un puente de piedras tuviera semejanza
con escribir un poema.
Como si algún día te atrevieras a cruzar[4].

---

[4] Este poema fue usado por el arquitecto Abbas Ahmad para explicar a las orillas del río Tigris el concepto de cruzar un puente. El concepto sigue cruzando aún hoy.

Rub Al-Jali

Un meteorito cae en el desierto de Rub al-Jali,
y se convierte en el oasis que te acompaña.
Así, cuando entras a Susa la gente se admira
y sirven manjares y vino para ti y para tu meteorito.
La gente acompañada de dragones ya no impresiona,
la gente acompañada de cobras hipnóticas atemoriza,
pero los oasis son bienvenidos porque irrigan.
Y dejan en los pasillos rayos de brisa.
Zahira baila con el oasis, en la arena
sus huellas se convierten en melocotones.
Es de día pero sientes respirar la noche.
El oasis se le acerca a sus piernas
como un derretirse de bronce.
La arena no tiene sed.
Zahira y el oasis mezclan el azafrán en un conjuro,
gotean juntos.

MARV

Por encargo del sultán Malik construí el observatorio
de Marv.
Calculé la duración de la Eternidad
con un rayo de Luna de error cada mil años.
Escribí el *Tratado sobre la exactitud de la coincidencia*
entre un beso y el titilar de una estrella.
Han puesto mi nombre a un cráter de la Luna.
Por nada de eso se me recordará, sino por ser la sed
de Zahira, creadora del agua.

XANNA

Para demostrar que lo nuestro es provisional
me muestras alondras que abandonan el nido,
hormigas que emigran y el oso hormiguero vacío.
Intentas que comprenda que el desamor
es un movimiento natural del Universo.
Me llevas a Medina Azahara y me muestras la mariposa
que deja de ser oruga y vuela.
Pero yo me fijo en lo que queda de la oruga
cuando la despierta una estrella que susurra[5].
Y se mueve.
Y el Universo pone un grano de primavera
y vuelve a brillar.

---

[5] Hemos preferido la traducción "susurra" en vez de la de Vaduva en su artículo "La oruga en la Poesía andalusí", Universidad de Varsovia, Polonia, 1999, que opta por "canta", por entender que la autora asocia su sonido a la intermitencia de las libélulas.

KAMAL

En el zoco de Córdoba Kamal Farid enciende una fogata,
acróbatas, encantadores, curtidores y aceiteros
queman poemas.
Construyen con el humo un afluente del Guadalquivir.
Necesita el río una gota que provoque la inundación.
Tú te ofreces. Y a tu desbordamiento llamarán Siglo Nueve.
A tu quitarte las sandalias
dejando caer hojas en la cama llamarán Siglo Nueve.
A esta salamandra que pintas en el Salón de la Odalisca
que explica cómo renacer de las cenizas.
A la estrella que descubre Abu al-Biruni en su observatorio
dudando entre ponerla en el horizonte
o en tu ventana, llamarán Siglo Nueve.
Al ayuno que condimentas con sésamo, azafrán y cúrcuma,
al estanque del que aprendes tu superficie
llamarán, no sé dónde ni en qué idioma, Siglo Nueve.
No hablarán de cien años, sino de aceitunas tiritando,
hablarán de cuscús y vinagre en tus manos.
A la inquietud de tu verano,
que frente a mi mano se rompe en escabeche,
llamarán Siglo Nueve.

YO TE OFREZCO EL DESIERTO

> *El desierto piensa en sí como un jardín de flores de piedra*
> *y ríos de arena.*
> Yamila Mohadá

Yo te ofrezco el desierto. Miras la arena, la sed, los cactus
y los escarabajos,
y dices: *¿quieres que viva aquí?*
Y te pido que mires en la hospitalidad de los escorpiones
la tienda de lana de cabra que puedes desmontar
si no eres feliz.
Y que escuches en los ancestros de la tormenta
la música que toca la brisa para remar tu canoa en la arena.
Y que saborees en las dunas el yogurt fermentado
condimentando tus poemas y las cuerdas que suenan
en tus latidos.
No hay jaulas, ni siquiera las invisibles
que rodean a las cobras en la ciudad.
Te pido que descubras en mí las propiedades de curación
del anís.
Te pido que mires en tus huellas en la arena
cómo brotan menta y yerbabuena.
Bajo la Luna las palmeras danzan imitando
para ti las mareas.
Pensarás que te lo digo porque demoro en conseguir estrella
en la tribu Wadi,
pero te pido que te quedes, porque al desierto le hace falta
un oasis.

Suraya

Hacia el año 945 la casa de Suraya tenía una zona amurallada
de doce kilómetros, estimándose su población
en noventa mil beduinos, samuráis, geishas,
recolectores de aceitunas, inmortales persas,
concubinas del Emperador Qi, saqueadores
y gente entendida en la velocidad del cedro.
Los sumerios habían inventado la escritura
y los fenicios los poemas caracoles que traducen
las canciones del mar.
Sus restos pertenecen, por las características
de su cerámica y sus hornos,
a su Período de amor, y no al Imperio de la Razón.
En otoño la casa fue desmantelada, y llevada en tazas
de cristal
en caravana hacia el Sahara, tras el pozo que enciende
la sed de buscar el poema.

Suraya II

El poema que Suraya escribe en el invierno sobrevive.
Queda entre palabras tan unidas que parecen un bosque.
Suraya sostiene que el poeta escribe en un presentimiento.
El poema habla del idioma del copo
que presiente una gota de deshielo, una uva de primavera,
un grillo de tibieza.
Suraya mira a dos ejércitos como escarabajos chocar,
y lo que sobra, lo que queda en el campo,
son niños buscando piezas
para sus vidas.
Quedan unas bolsitas de té llegadas de Bagdad.
Quedan aldeas con el mismo nombre, sin que se sepa
en cuál nació.
Queda una carreta tirada por su corazón,
una montaña que busca su cima.
El copo sabe que debe ser más que oruga, para que un niño
pueda decir una vez vi una mariposa.

SURAYA III

El beduino Sa'adi nunca ha salido del desierto del Sahara,
conoce el veneno de los escorpiones,
la temperatura que convierte caravanas en escarabajos
de bronce.
El oleaje es la sed. La bailarina Suraya entra.
El Sahara no se estremecía desde que el Polo Norte
lo recorrió en la Era Arcaica.
Suraya evapora una duna con su danza,
convierte la sal en uvas, y extrae aceite de oliva
de la palabra árida.
Un iceberg la viste, Suraya gotea.
Entre sus piernas comienza a oler
un líquido que llamarán primavera. Sa'adi mira los cactus
y comprende que la vida le ofrece duraznos.
Suraya y el oasis, uno es un espejismo.
Suraya camina y surge un río.
Los bereberes se acercan a Suraya,
buscando el origen de su resplandor.
Y llueve.

Alfonso Chase

A pesar de ser hijo único, quiso ser el hijo menor, por lo que se rebautizó *Alfonso*, que significa "hijo menor sin hermanos". Nacido en Cartago, su padre es un cartógrafo y su madre una traductora del persa al español.

Su padre dibujó el primer mapa entre Hatillo y Samarkanda, y su madre tradujo al español el Avesta, textos zoroastrianos. Chase es teólogo, poeta, matemático e historiador, escribió el libro de culto, *Cristales que hablan con las estrellas*, que relata la evolución de los telescopios, recibido con entusiasmo por Katharina Copernicus, heredera de Nicolás Copérnico, y por Livia Galilei, heredera de Galileo. Como botánico su trabajo más importante consiste en la invención del injerto poético y la hibridación entre poemas de distintos estilos.

De niño recorrió el mundo observando el amanecer, la ruptura de los huevos por los pollitos, la apertura de un pozo, el pan en el horno, y el primer aullido del lobo llamando a la Luna llena. Su libro más famoso, *Catálogo de las cosas que existen sin saber*, apareció en un taxi en Estambul traducido al sumerio, "lengua extinta", en uno de los misterios más extraños de la Literatura.

Son famosos sus injertos entre un soneto vegetal y un haiku hortaliza, entre un poema bonsái y un poema flor de trovadores, entre una estrofa de frutas confitadas y una copla de tulipanes; produciendo versos distintos, rima asonante, acentuaciones desconcertantes.

Es el precursor de la MetaPoesía, la BioPoesía, la Poesía Ecologista, la Poesía Virtual, y la Poesía Transmodernista.

Célebre por el logro astronómico más relevante del siglo: en el año 2024 cayó un meteorito en Hatillo, Alfonso llegó al lugar y el meteorito estaba con vida. Como un médico de astros, lo introdujo en un líquido extraído de otros meteoritos caídos, y lo trasladó al Observatorio de Paso Ancho, donde curó sus heridas, lo alimentó con cobalto y platino, y aprendió su idioma.

Sus conversaciones las publicó en el libro, *Diálogos de níquel con un poeta espacial*, porque el meteorito le confesó que era poeta.

Una vez recuperado, Alfonso construyó una catapulta de seiscientos metros y lanzó al meteorito de nuevo al Universo como quien libera una paloma[6].

---

[6] Estos poemas fueron publicados originalmente en polaco, en la Revista Okanjya, Lodz, 2022. Agradezco a Jitka Burian su traducción. Pertenecen a la respuesta de Alfonso al Doctorado Casus Belli, de la Universidad de Brelavia, donde imparte el Curso de Poesía Futurista en la Escuela Bauhaus.

Dioica[7]

La Poesía es como la espinaca, hay que quitarle hojas para que crezca. Entre poema y poema, entre verso y verso, hay hilos que si se notan, hemos fracasado. Cualquier verso puede estar en cualquier poema. El movimiento que define a los poetas como agujeros negros gana seguidores. Si una plaga comenzara a matar a los poetas, me pregunto si la Humanidad construiría refugios para protegerlos, si la comunidad científica desarrollaría una vacuna, si los editores financiarían un antídoto. Cuando escribimos dos poemas seguidos vemos doble la misma alucinación. Un libro de poemas es un acuario de luciérnagas o de pirañas. Insistimos en aparejar en el mismo libro poemas carnívoros con poemas herbívoros. ¿Es cierto que el poema, momentos antes de escribirlo, te apunta como una flecha? El poema cruza la carretera hacia ti con los ojos cerrados. El poema nunca es un atajo, a veces, es el camino más largo. El poema viene hacia ti, ve un muro, pero no puede detenerse. Aunque lo uses para tapar una grieta, la vocación del poema es abrir, no cerrar. En Poesía no puedes decir "no te lo tomes personal", o "mañana será un gran día". La Poesía siempre ha sido lo que ahora llaman "realidad virtual". El poema nace para invertir una tendencia, pero no sabes cuál. Pierdes diez mil neuronas escribiendo un poema, y cinco mil leyéndolo. La ventaja de la Poesía sobre ti es que no puedes encontrar nada que la sustituya. El miedo del

---

[7] Según el crítico Szimon Lech, Universidad de Varsovia, este poema inaugura el Período Azul en la Poesía de Alfonso, caracterizado por un intimismo filosófico, un minimalismo animado, un realismo sostenible, un expresionismo inclusivo, de texturas de realidad aumentada, con lo que contemplamos la inauguración de un Alfonso Selva Negra, Canal de la Mancha, leído por Macron. Futurista.

cordero hacia el lobo, es un poema. Hay poemas que creen que vienen como dragones, luego ronronean, se acomodan, intercambian bombones. Cuando escribes un poema, ¿lo metes o lo sacas de un bucle? Los poemas nacen con la boca seca. Ningún poema estará de acuerdo en vivir en los suburbios, insistirá en residir en la metrópolis. ¿Escribes o segregas poemas? La tempestad come de nuestras manos. Solo quedas tú como miembro fundador de ti mismo, los otros han desaparecido. Es tu rebelión. El poema es el contrapeso de una fuerza que no conocemos, pero que si se logra sostener en la balanza, nos mantiene en equilibrio.

FACTOR LUDOVICO

No sabemos contar pero estamos en minoría. Parte de la verdad es mentira. Las palabras orgánicas dejan un rastro de oxidación, paisajismo, erosión y filamentos; si las usáramos nos rastrearían. La segunda vez ya no es experimentación. Probamos nuestra fuerza frente a la antelación, el delirio y la lujuria. De cara al público mostramos habilidades para la improvisación y la apariencia. Nos pedirán aclarar nuestra procedencia, responderemos con evasivas e instrumentistas, con icebergs inofensivos. Que otros regresen, nosotros solo sabemos extraviarnos en el camino.

Hiperesfera

La Eternidad improvisa, si un Mediterráneo le sale mal, puede enderezar. Si entras en coma y necesitas estimulación, ¿cuántas personas sabrían cuál es tu canción favorita?
Llamamos alma a nuestra mente, llamamos salvación a aferrarnos a una tabla de flotación, que ha escuchado hablar de una orilla.

MANDAG

No puedes construir rieles y decir que no te interesa ser tren. O caminas atento a no pisar hormigas, o atento a no derribar estrellas. Nos desconcierta el frío de la belleza del poema. La Poesía es una ruptura, pero no rompe, reúne.

Geisha

Las posesiones de una geisha son fugaces pero constantes. En su presencia cambias la palabra "espíritu" por la palabra "resina" cuidadosamente para que no se entere, porque ambas son inflamables. El origen de lo divino es un animal que trasciende, y el origen de los animales son espíritus divinos que se degradan. Un puente no se mide de orilla a orilla, sino por los pasos que lo cruzan. Las geishas nacen en un pozo de Kyoto. Quienes usan la expresión "más leña al fuego" no toman en cuenta que el humo es un animal independiente. Las geishas son talismanes que se descartan a sí mismos por creer en la magia. Corta el verso donde se estremezca, donde quede temblando. Los nómadas han escuchado hablar de la agricultura, pero le temen. En países donde el color blanco no existe las geishas son una superstición. Hay poemas que nacen para defender, para interceptar una flecha en el aire. Una geisha es una desaparición que usa zapatos de madera para que sus pasos resuenen. Hay poemas que te tocan la cara para que te reconozcas. Una geisha es un secado de arcilla. Cada vez que un imperio se derrumba una geisha queda en pie. Queríamos ser astronautas, los menos ambiciosos, arquitectos. Queríamos ser bonsáis. Lee poemas de arena. Las manos de una geisha son un suministro de cobre. Escribe poemas de fuego. Una geisha es la vida conteniendo la respiración en la superficie como si estuviera bajo el agua. Derrite poemas de cera. La lluvia es un acontecimiento histórico para el día, aunque no tomes nota. Hay poetas y hay intendentes de la Poesía. Cada poema es un haiku que se le salió de control a su autor. Cuando piensa en islas la sonrisa de la geisha es invisible[8].

---

[8] Discrepamos de Vladimir Kolvasic, que en su artículo *La refundación de la niebla en la Poesía de Alfonso Chase,* Revista Kacenka, Praga, afirma que los poemas de Chase se usaron como lámparas durante la sublevación de Varsovia. Se trata de una antigua leyenda que afirma que los poemas de Alfonso irradian en la oscuridad. Esta noche haremos el experimento.

Jarmo 5.330 a.C.

En Qalaat, escribir un poema era igual que encender un fuego. Era el tiempo de los Dioses callados. Escribir un poema abría la dimensión para el otoño, el verano, la primavera y el invierno. Eran los cuatro poemas de las cosechas. La Gastronomía llegó antes y usamos sus utensilios para escribir. La Poesía nació como un avance tecnológico para influir en el clima y la agricultura. Los poemas eran claves para el cambio de estaciones, y eran guardados en cerámica transparente en el primer templo, en Chamchamal. En sequías e inundaciones se invocaban sus poderes. Levitaban e irradiaban, antes de la invención de las campanas emitían campanadas. El Tigris y el Éufrates consintieron el nacimiento de otras ciudades. Floreció la civilización. Cada poema gobernaba un punto cardinal del equilibrio. Seguimos escribiendo para que el verano cierre sus ojos y salte hacia el misterio del invierno.

Schubab

¿Nos atreveríamos a pedirle a la gente que elija entre la desaparición de las pizzas y la desaparición de los poemas? Escribir un poema es disimular algo que no queremos que se vea. Nos gusta decir "y sin embargo, seguimos aquí". Tratamos de averiguar por qué merecemos el poema, es más fácil imaginarlo como recompensa. Cuando no sabemos qué decir decimos que "la tarde cae". El poema no está hecho para forcejear. No es un arma arrojadiza aunque suele terminar en punta. El poema no duerme, parece que vigila tu sueño, pero lo acecha. Esperamos a que sean las cinco para leer un poema, como si fuera un licor socialmente censurable si se bebe antes.

Kodiak

En el idioma ligur, Poesía es el instante en el que la rama que sostiene al pájaro se rompe. Ninguna guerra es tan grande como para pelearla, ninguna es tan pequeña como para perderla. La Poesía no se expande ni se contrae, sucede. Escribir un poema es Ayahuasca. El poema no necesita ser demostrado. No se escriben poemas solo por vivir. Eres la costa occidental de alguien que quiere amar. Tu nombre es submarino y sale a respirar cada vez que lo pronuncian. Tú escribes el poema que se dibuja en la mente de alguien que no eres tú. La duración de un poema no se mide en minutos. En el poema es tan importante quien habla como quien calla. La manera de convertir las duras en las maduras es masticándolas. En el poema el silencio es equivalente al humo. El poema pone los pies en tu escritorio, no recoge la taza de café, ya lo harás tú. El poema sabe que es un lujo. La Poesía es ese Himalaya en el que vives, compartiendo la comida con la abominable Yeti de los poemas. A lo lejos ves un hongo atómico. Eres tú tratando de que la Poesía se calle[9].

---

[9] Poema excluido originalmente en la Antología Catorce Alfonsos en el Chase Bank, Emerich Vogl, Valencia, Editorial Provisorium, 2023, por su conflicto con Meghan Markle y Enrique de Sussex, del que Alfonso ha salido finalmente victorioso, recuperando la vajilla Luis XVI que le había sido incautada. Rodarán cabezas.

ANTEMOESA

Quienes viven cerca del mar perciben el desprendimiento del poema unos segundos antes. En persa antiguo "Poesía" significa navegar en un mar cuyo único pensamiento es el naufragio. De niño dormía rodeado de monstruos marinos, ahora duermo rodeado de sorbos de té, tazas, la tetera, tu boca. Que en el fondo se hunden los más pesados no funciona con los poemas. Con la navegación los fenicios enseñaron a la Poesía a naufragar, destreza que le ha permitido sobrevivir hasta hoy. Porque la Poesía hoy es el mar. La Poesía es un pueblo de pescadores que te despiertan cuando bajan cantando. El poema es el remo que atenúa la tormenta.

Tunguska

No he dicho nada que ustedes no sepan. No estoy solo, pero quienes están conmigo no lo saben. La Poesía ya avanzó hacia su siguiente evolución, y ustedes la siguen. Un poema es un viernes inmortal de un ser mortal. Un poema es la tela de una araña invisible. Los últimos en ser cazados son los poemas que tienen un halcón chapoteando en el quinto verso. Cuando ya no los diferencias terminas saludando a conocidos y desconocidos, para que nadie se resienta. Pocos poemas se enteran de que su libro es un corral. Todo poema tiene un brillo oculto, si fuera evidente sería Astronomía. Vivo frente a un hidrante, puedes venir con tu incendio.

Miss Mara

Vino el Circo. Tú eras la trapecista. Caminas sin red sobre el poema, itineras por el último verso pensando en caer. No sigo la silueta sino el aroma. El acróbata sostiene al poema de puntillas. La contorsionista estira al poema hasta diciembre. La mujer bala usa la puntería del poema. La carpa vuela. La tragafuego traga poemas y la tragasables traga tulipanes. La amaestradora de tigres es devorada por un poema. Y el público aplaude. La domadora de poemas busca su látigo en tu alma. El cielo imita la carpa. Cuando el circo se va quieres escapar con él, la única vacante es de cobra, pero nunca se te dieron bien los hipnotizadores.

WURM

Este poema es la última oportunidad para palabras que no han aparecido en este libro. Digamos, su último tren. La Poesía no se despide con trenes, en andenes. Procura entre tú y ella dátiles, palmeras. La Poesía vive con un pie afuera. Lo suyo es la tienda de campaña, no el cemento. Despierta descalza sobre vidrios rotos para no sentirse cómoda en Palacio. Escribes un poema con la tranquilidad de que lo puedes borrar y el poema se desploma, tienes que arrastrarlo para sacarlo de la arena, junto a tigres y gladiadores. La Poesía lleva seis mil años ensayando salidas para que no sientas el abandono. La Poesía olvida sus guantes en tu mesita de noche. Si no muerde la mano que la alimenta, no es Poesía[10].

---

[10] Este poema cerró la Antología *Últimos poemas del milenio*, del antologador Boniek Kowalski, Editorial Godula, 2023, que abordan el concepto de "final" en la Poesía. Este poema obtuvo el "Último Premio Internacional de Poesía Finisterre", 2022, Lugo, Galicia, con un monto de quinientos mil euros, que Alfonso usó para construir la Biblioteca Carmen Lira, en la Escuela General Manuel Belgrano G, en Hatillo Uno, San José.

MOIRA

Puedes tener dos destinos a la vez. Los poemas que están convencidos de su existencia se extienden hasta el espejismo. La imagen de que excavas buscando el poema viene de las acacias. El poema es el eslabón entre lo digital y lo orgánico. Tenemos la alucinación de los libros y las páginas, pero en realidad los poemas son capas, unos sobre otros. Cuando llegas al centro de ti acercarte a alguien produce el mismo efecto que alejarte. Cada poema tiene un número invisible grabado en su frente. Cada mañana dedicas unos minutos a reactivar tu mundo, pones en marcha tus mecanismos. Si descubres un pozo de poemas que no es tuyo, no lo toques, ya llegará su dueño. Puede que sea tuyo el arcoiris, pero puede que la olla de poemas a su final no sea para ti. De momento no tenemos una madre que toque piano en nuestra infancia. Los poemas son animales caseros, maúllan cuando ladran. El poema es una máscara que se derrite en tu cara.

Kevlar

El poema casi colisiona con la palabra frontera, husmea, no la toca. El poema es una duda y pocas veces el último verso la resuelve. En la biología del poema cada uno de sus impulsos dura un instante, para sostener la palabra "metamorfosis" debe hacer un esfuerzo. Aún si nace en un libro conceptual, cada poema es un hecho aislado. Aunque la escritura sea frecuente cada poema se comprende como esporádico. Cada poema comienza con un cuarteto de cuerdas y el trabajo de los primeros versos es ocultarlo, que el lector lo escuche, pero no lo vea. Los insectos que voluntariamente entraban al ámbar en la Edad de Cobre y se petrificaban, se comunicaban a través de aromas acústicos; lo mismo pasa con los poemas. El poema tiene la responsabilidad de llenar la realidad que desaloja. He buscado el libro *Arrecifes para leer en la terraza*, pero no lo encuentro. ¿Eres un país ocupado por la Poesía? Hay quienes creen que la vida es ritmo, y quienes afirman que es puntuación. Si entra una hormiga a la página no cierras el libro para no aplastarla, por si la hormiga es la Poesía. Levantarse es disipar una fermentación de niebla. Escribo para que un día desayunemos frente al mar. Lo que se lee, escucha y observa, lo interiorizamos y luego sale en los poemas, como si fuéramos una fábrica de conservas.

Laplace

El poema nunca piensa que acercarse a ti puede ser un riesgo. Durante los años veinte se comparó al poema con un cigarrillo, pero el caos entre humo, cabaret, tabaco y ginebra hizo naufragar el charlestón. Cada poema comienza a las once de la noche del día anterior. El poema proviene del ciclo del trigo, es una desinhibición entre el molino y la harina. Todos conocemos a un poeta o hemos escuchado hablar de uno, y es porque los poetas dedican gran parte del día para darse a conocer. El poema es un escalón, no sabemos si para subir o para bajar. Lo que nos llega del poema es una silueta de lo que realmente es. El poema ignora que piensas que es un artefacto que debe integrar un libro, que es un artefacto mayor. Se relaciona al espejismo con el desierto, y se cree que los espejismos en los glaciares son poemas renegados, el abominable poema de las nieves. En el Paleolítico los pozos de petróleo eran pozos de poemas, el meteorito que extinguió a los dinosaurios cambió la estructura del ámbar; de no haber sido por eso hoy Arabia Saudita exportaría trece millones de barriles de poemas diarios. El poema es un espejismo que no es capaz de describirse, por eso te necesita.

GRADO ROMER

Sin ser loba la luz amamantaba poemas, cuando no se sabía qué serían, si canoas, frutos o estrellas. La luz lo inventa casi todo. Quedan gatos de ese tiempo, mares que desaparecieron antes de los primeros barcos. Hablas hasta que la luz te descifra. La luz aprende a fingir todo lo susceptible de ser fingido. A partir de hoy puedes usar el poema como comprobante de pago. Se rumora que la luz nació en Islandia, otros afirman que fue un invento de los celtas, los druidas muestran cuarzos desenterrados en Persia. La basura pasa los miércoles. Si alguien dice "algunos de mis mejores poemas los escribí en la playa" es porque está filmando el comercial de un bronceador. Los poemas tienen memoria, son vengativos. La moda es hacer versiones *bossa nova* de los poemas y ponerlos como fondo en los rascacielos. El tiempo de secado de un poema es menor al tiempo de secado del cemento. Estoy tratando de mantener mi línea de flotación. Uno no piensa que el poema proviene del mundo inmaterial y se materializa a través de sus manos. El poema es la mosca en la sopa y tu trabajo es hacer que luzca bien. El tiempo de maceración de un poema antes de escribirlo es proporcional a la luz que absorbe. Todo poema nace prematuro, sietemesino. Todo poema es étnico. Todo poema es un nómada del Himalaya. El poema comienza con un movimiento reflejo, y termina con un enfriamiento del té, para poder beberlo. Antes los poemas nacían hasta que la luz los descifraba. Como ahora.

Hadramut[11]

Te atraviesan canales de irrigación. Eres una ruta de paso. Una noche iremos en tren de Milán a Bolonia, escucharemos una canción de Mina, y sentiremos que somos felices. Así como la Ciencia no se sentía bien en la Filosofía, la Poesía quiere casa propia. El poema es leve hasta que se convierte en cuerda que te sostiene para que no caigas al abismo. Hay poemas pasos y poemas zancadas. El poema es el salto de un saltamontes que vino a caer en ti. Leer un poema crea un pequeño interlocutor de humo. El poema es un esguince. Funciona así: uno resbala y para levantarse escribe un poema. Antes teníamos cuidado de no pisar escarabajos, ahora lo tenemos de no pisar poemas. El poema es un cordón, escribirlo es desatarlo. Los poemas tienen espoleta, como las granadas. El poema es un desvío en el camino. Los primeros faxes se probaron con poemas, su calor facilita la teletransportación. Basho escribía haikus con el peso de los gorriones sobre las ramas. Tachas una palabra, que se baja disciplinadamente del poema, callada, pero volverá, vengativa. El poema sutura. Los esquimales sostienen que el poema ya estaba escrito en invisible y que solo repintamos. El poema es una intriga de movimientos. Escribir es caminar entre escombros. El poema lo escribe alguien abandonado. Cuando nos topamos con una humareda cruzamos de acera. Un libro de poemas es, avispero o colmena.

---

[11] Según Amara Okereke, estudiosa nigeriana de la obra de Alfonso, con este poema funda la Poesía Espumante, de notable influencia entre jóvenes poetas de Angola, Portugal, Honduras, Paraguay, Austria y Turrialba. A pesar de la tendencia mundial, Alfonso no se ha pronunciado, aumentando el estupor y el misterio. Los acontecimientos se precipitan. Las imprentas no se detienen, las traducciones sulfuran.

CIABATTA[12]

Durante la Edad del Hielo los mares impedían a la Poesía salir de Europa. Los mensajeros que enviamos con velas para explicar quiénes somos no regresaron. No pudiendo nuestras flechas atravesar osos, cazamos poemas para arrancarles la lana y cubrirnos. Como juego erótico previo íbamos al súper por pan ciabatta, cerveza y aceitunas rellenas con anchoas; ya lo sé, estoy siendo específico otra vez, y prefieres que generalice, que cure tus heridas con jengibre. Prefieres que me sume al movimiento de quienes no planchan su ropa. Libremente la Poesía cruzaba Europa ofreciendo su cacería como entretenimiento. La edición de un montón de libros demuestra que nuestra fascinación por la Segunda Guerra Mundial sigue viva. Era un síntoma. La inteligencia humana nos permitía cazar y la artificial cocinar la presa. Pero cuando la inteligencia poética consiguió flotar, y volar, soñamos con viajar más allá de los mares. Podríamos construir globos con poemas y salir de aquí. Siendo "aquí" nosotros mismos. Quizá el acierto era convencernos de que la Poesía era un animal que hibernaba en nosotros. Entonces sacamos cuentas. Resultaba mejor negocio cazar poemas que matar osos.

---

[12] La editorial de esta Antología ha sido demandada por la Panadería Poire à la beaujolaise, que ostenta para América Latina los derechos de autor del pan Ciabatta, exigiendo la suspensión preventiva de la venta de este libro, y de esta misma lectura. La realidad se desploma. O sea, querido lector, querida lectora, le rogamos que cese de leer, se asome, verifique que no hay un juez o la policía, y si es así, siga leyendo, con pancito y capuchino.

Freya

El poema es un radar, capta tu esencia, no tu materia. Buscas que tu esencia sea escuchada, comprendida. Escribir no es un trabajo de precisión, es un chapoteo. Recordar el camino te permite regresar, pero el recorrido no es el mismo. El Kagera cree que entra al Nilo como conquistador, no como afluente. Es fácil creer que el poema es la pulpa, pero piensa en las propiedades de la cáscara. Todos los poemas fueron escritos en mil novecientos cuarenta, no hacemos más que repetirlos. El poema carece de velocidad, pero tiene corrientes entre los versos, sin rapidez ni lentitud, se mueven en luz o sombra. La nostalgia está haciendo que se vuelvan a escribir poemas en vinilo, y que compremos consolas para leerlos, tienen un encanto ausente en la versión digital. Recién escritos huelen a madera aserrada, ya después toman los caminos de los inciensos. El poema es intransferible. Ahora puedes leer hologramas de poemas, no son reales, pero para una tarde con café están bien. El poema no sabe que persiste, no tiene esa vocación. Cree que cada lectura es la última.

LARNAKA

Por el poema con una estrella de sheriff en su pecho ofrecen una recompensa más alta. Una corporación traduce todos los libros de Poesía al lenguaje sumerio cuneiforme, para preservarlos en el futuro. Como en la guerra lanzaban perros sobre los campos minados, lanzamos poemas. En Varsovia se ha formado fila en los dispensarios de poemas. El poema no es la imagen y semejanza del poeta. Lo que muere en un poema, ¿es posible que renazca en otro? Cada poema responde a un eclipse de astros pequeños, inaudibles aún para el telescopio más terco. Los poemas son copos, los que se quedan en el papel no saben derretirse. En un ambiente seguro es imposible escribir poemas. Un poema idéntico a otro sigue siendo otro poema. Antes de las imprentas colgábamos los poemas en la pared como trofeos de caza. Al ser escrito el poema desaloja un espacio, que se llena de inmediato sin que sepamos de qué. Apenas escrito el poema mira a su autor con una mirada que éste interpreta de gratitud, pero puede ser de horror. Si todo sale bien deberías poder meter el poema en tu boca y quebrarlo como fruto seco. La distancia que el poema recorre para llegar al lector no es cuantificable. El poema es un experimento, nunca de quien lo escribe.

BANISE

> *Distinguir entre Poesía Útil y Poesía Inútil es necesario,*
> *pero no creo que a los poetas les guste.*
> SERAFINA OSTENBERG

Escribimos mientras deciden qué hacer con nosotros, mientras perfeccionan el acelerador de poemas. Nos vamos convirtiendo poco a poco en la atmósfera. Un poema es una alucinación que dura lo suficiente para atraparla en un papel. Lo escribes y pasas a otra profecía; en cambio el poema se emociona, ha cruzado la frontera, se ha convertido en algo que puede ser quemado por el fuego, y lo agradece. El poema se concibe a sí mismo como un ser de imposible existencia. He dado un largo rodeo para venir a sentarme junto a mí mismo y mirar de reojo qué estoy escribiendo. Para que se entienda lo que quiero decir debo escribirlo. En Sumeria, los primeros poemas fueron catalogados como ciencia ficción. Pon en un espacio vacío un diamante imaginario que lo llene. Tienes la sensación de seguir caminantes hacia un abismo, no quieres caer pero amas acercarte al borde. En algún invierno nos olvidarán y regresaremos a las canteras. Están experimentando con el acelerador de poemas, han metido la palabra "deshielo" y ha salido un copo. No ha resultado bien. Han metido la palabra "sombra", ya lleva seis días y no regresa. La invención de la escafandra supone que algún día no desearemos vivir en la superficie. La invención de la nevera supone que algún día congelaremos una materia que nadaba en el río, lo que supondrá la invención de un horno microondas para descongelar la materia, preparar la cena, y cenar, con o sin escafandra. La Poesía es la escafandra.

PAOLA VALVERDE ALIER

Al niño le gustaría tener sombra.
Me dices que el niño subió al inflable sabiendo
lo que pasaría,
porque lo soñó, se vio en la playa,
eso lo convierte en la teoría de un niño.
El niño se ha hecho garza
para poder llamar huevo a su casa.
Su suéter se ha vuelto espuma.
Camina, se adentra en la ciudad, te busca.
No quiere venganza,
lo sigue un pueblo con ojos de serpiente.
Ese horizonte es nuestro pretexto para recibirlo
con un banquete.
No busca culpables,
hay naufragios y se ha topado con el amor que los reparte.
Es un niño casi. Te trae galletas de hojaldre,
lo entretiene en la esquina un peluche colmillos de sable.
Piensa en regresar al mar pero otros niños han borrado
sus huellas,
jugando a la pelota, o huyendo de la guerra.

TINJU[16]

Amanezco en la lona,
no recuerdo el gancho.
El boxeo no es golpear, es levantarse.
Tu corazón es mi mandíbula.
Mi hijo mayor no se decide entre quitarme el protector
o portar nuestros anillos de boda.
Los golpes secan, engatusan, curten,
cubren la herida con curitas o nubes.
El árbitro me susurra
no quiero verte nunca más por un tiempo.

---

[16] En la Olimpiadas de Atenas, Paola obtuvo la medalla de oro, en la categoría welter, derrotando a la boxeadora nigeriana Abosede Olawale, que se quedó con la de plata, luego del combate descubrieron que eran primas lejanas, de la época de la esclavitud africana, y fundaron la ONG Libertad Primer Round.

GENE

La muerte de Gene Hackman
me recuerda a la de Michael Caine,
solo que Michael está vivo.

Nuez

Ahora eres del tamaño de una nuez, dijo mi madre a las diez
semanas de gestación,
y borracha de líquido amniótico escuché:
ahora eres el amaño de un pez, y así llegué a este acuario.
Hay peces que entran en edificios de la sanidad pública
sin saber si desovar o cambiar escamas.
Peces que maúllan discuten con peces que ladran,
anguilas ronronean y se encienden ante truchas que viven
en rascacielos.
El estrés nos cambia el color de las escamas.
Cada quien tiene su burbuja. A veces dos deciden
compartir una,
acuden al notario, invitan a su banco de amigos, hacen fiesta
en los corales,
comen aperitivos de liquen, bailan con la música
de caracoles y brindan;
y olas después les estalla la burbuja en la cara.
Mi madre es esa orca que nariz con nariz me dice
perdona, me entendiste mal, en realidad eres un quetzal,
y maúlla.

KAVANOZ

Cuando muera
y me tengas en una urna,
con mi cerebro de ceniza
pensaré en ti.

ENHEDUANNA[17]

Dominaban el planeta poemas mamut,
poemas neardentales,
poemas dientes de sable, tiburones de luz,
moluscos de susurros,
hasta que Enheduanna, sacerdotisa de Ur,
escribió el primer poema humano a las cinco de la tarde
de la desembocadura del río Éufrates.
Los magos inventaron los circos
y hacía falta que una mujer
inventara la hipnosis y la cobra.
Los generales inventaron Asiria, las catapultas y la guerra,
y hacía falta que una mujer creara la resurrección.
Enheduanna escucha cuando escribes en hojitas de laurel,
eres una de sus maneras de renacer.

---

[17] El Instituto de Arqueología Poética, que fundó Paola, financió la excavación de este poema en versión tablilla de arcilla en Al-Fayadiya, en coordinación con Quhtan Abbas Hassan Aboud, de la Junta Estatal Iraquí de Antigüedades y Patrimonio.

GRYDE[18]

Eva hierve los frijoles para ahuyentar bacterias,
consciente de que una vez fue bacteria
y hoy es la dueña del restaurante.

---

[18] Discrepamos de la traducción que Sebastiana Goreiro hizo de la palabra "frijoles", en el artículo "Poemas del tamaño de un guisante", publicado en la Revista "Botánica marina", 2021, página 114, pues los tradujo como "porotos". Su versión de este verso es "Eva hierve los porotos para asustar gérmenes"; que goza de gran popularidad entre los agrónomos de Argentina, Bolivia y Chile.

QADINLAR

Una mujer se levanta
y activa una glándula de la galaxia,
camina por el contorno de la luz,
que es un hilo, un equilibrio.
Su equilibrio no es un hilo, ni una cuerda,
la mariposa ya contiene la dirección de su cometa.
Le basta una para ser todas.
Una mujer fertiliza el desierto que recorre,
su estatura son los pájaros que atraviesan el horizonte.
Una mujer se levanta antes de caer.
En su huerta nace el estremecimiento de la uva de hielo
que anuncia la primavera.
Las leonas de África se levantan con ella,
las focas de Antártida la siguen.
Una mujer se levanta en ti y en todas,
camina sin sombra,
en su vientre se atenúan las garras de la loba.

Mujer Maravilla toma uno

> Soy *Batman, mi reproducción es con fotosíntesis,*
> *polinizo a los villanos*
> Emilio Cardozo

El avión invisible permanece en el hangar
desde que Mujer Maravilla
prefiere caminar. Lynda Carter imparte su taller
de croquetas y pescaíto frito
que aprendió a cocinar durante su Luna de miel con Batman
en Lisboa.
Hoy atenderá a un equipo japonés que viene a entrevistarla
sobre el orgasmo femenino en la vida de los superhéroes.
Ha invitado a cenar a los villanos Doctor Poison, la Medusa
y a Dark Angel
para limar asperezas y fundar un emprendimiento
de ropa de manta
para mujeres con identidad secreta.
Los periodistas le traen sushi de Hiroshima,
ella recuerda su participación en la creación
de la bomba atómica
y desmiente el rumor de que Flash, el súper veloz, sufra
de eyaculación precoz.
Hace talla de zapatos con Catwoman.
Ya sola, descubrimos a la *wonder* mujer de andar por casa,
de galleta soda, sopa de sobre, que revisa las fechas
de caducidad
de las cajas de cereal y del amor.

Mujer Maravilla toma dos

La reunión de Mujer Maravilla con su abogada para tratar
su divorcio con Batman no está yendo como esperaba,
el murciélago pide la mitad de lo saqueado
durante el matrimonio.
El abogado de Batman es Robin.
La posición de Mujer Maravilla se debilita al difundirse
fotos con Superman. El castillo se derrumba,
pierde millones de seguidores en Instagram.
Batman pide los pozos petroleros de Oriente
y los yacimientos de Uzbekistán.
Ella quiere demostrar que es una mujer como todas,
de carne y helado de fresa.
Sus asesores de marketing le sugieren revelar en Twitter
su orientación,
eso le ganaría simpatías en el ala rota del partido.
Este arroz con pulpo se lo preparó Aquamán.
Batman lanza su última propuesta,
está dispuesto a darle una nueva oportunidad
a su matrimonio,
con una condición: que le revele su identidad secreta[19].

---

[19] DC COMICS y los creadores del personaje Mujer Maravilla, William Moulton Marston y H. G. Peter, demandaron a Paola por el uso no autorizado del personaje. El boxeador argentino SERGIO "MARAVILLA" GABRIEL MARTÍNEZ, declaró en el juicio que a él no le perjudica ni le molesta. Aunque Paola se defendió argumentando que ella lo pronuncia con M abierta, la jueza Davis, nieta de Miles Davis, la condenó a indemnizar a los autores con quince millones de dólares, justo lo que recibió por su participación en esta Antología, y a leer su poema solo de diez de la noche a seis de la mañana, de lunes a viernes, pudiendo los sábados y los domingos leerlo desde las ocho de la noche, regla que la poeta cumple implacablemente, y así se lo exige a sus amigos.

Mad Women[20]

Nada de Madison Square Garden,
nos plantamos en la calle, chocamos guantes,
boxeamos
y alrededor la Humanidad levanta un ring,
graderías, transmisiones, asociaciones, cinturones,
olimpiadas, siglo veinte, toallas, medallas,
welter, mediano, Hagler, Hearns, Mano de Piedra,
y papas fritas.
Contemplamos ese imperio, y nos secamos el sudor.
Aquí nadie tira la toalla,
nos golpeamos con la campana.
Ya vendrá el segundo *round*.

---

[20] Este título desató un apasionante debate en redes sociales, sobre la predilección de Paola por la serie de televisión "Mad men", en especial por sus personajes femeninos: Peggy, Joan, Jane, Elizabeth, Megan y Francine. Y que fue el tema de la tesis doctoral de la activista Sukanya Ayutthaya, en la Universidad de Chiang Mai, titulada *Paola Valverde o cómo ser a la vez todas las mujeres de Mad men*, distinción Summa cum laude. No pasó desapercibido para el filósofo australiano Colbee Daku, que "Sukanya" significa "buena niña", lo que parece sugerir conformidad, y que "Ayutthaya" significa "invencible", lo que sugiere ser "indomable". Interesante dualidad, pero me estoy saliendo del tema, en todo caso, los acontecimientos se precipitan y recomiendo la novela *Robando el templo Wat Arun*, de Sukanya Ayutthaya.

EVA

La manzana sospecha que su viaje
del árbol al mercado
y de ahí a tu boca
no es una casualidad.

MARINA

En su huerta en Hudson,
Marina Abramovich siembra minutos.
Cosecha siglos y años que no usa, que regala.
Sabe que en la luz adecuada
germina eternidad.

Fingrafar

Hay quienes creen que para dejar huellas en ti
deben pisarte.

KUMIKHA

Entras en remojo a la vida.
Te mides la tarde por si acaso trajera algo de suéter.
Eres un capricho de las abejas.
Eres la burbuja que sube cuando vuelan agujas,
te la juegas,
un río desordena la sábila que te impregnas.
Si me derriba, que sea un derechazo de la campeona, dices.
Nunca te llevaste con el viento a favor,
había que hacerte lugar donde se quema la rueda
al fondo del camión.
Atraviesas la vida midiéndola con Lunas y ciclo de cosecha,
hay más de ti en la brujería que en la santidad,
pero un verso así no lo vas a aceptar,
tendré que cambiarlo por
hay más de ti en el veneno que en el antídoto.
Así sí aceptas subirte en el globo, aguja en mano.
El Universo pone tanta atención en el nacimiento
de una galaxia
como en el estremecimiento de tu espalda.
Para levantarte recorres la misma distancia que para caer,
pero eres más madera que ceniza,
ya no eres un espejismo de la vida.

LILITH

> *La porcelana y la arcilla tienen manos de polvo,*
> *lombrices de oro y de tierra.*
> WATTANA SUWAN

Soy arcilla que rehusó su destino de porcelana.
No comprendí el horno.
Nací para cuenco de agua, no para tetera,
no me dejo hervir,
tengo la estatura del fuego.
Estoy hecha para que la oruga ensaye la germinación.
Si fuera de porcelana me tratarías con el temor
de dejarme caer.
De arcilla, si caigo, aprendo a volar antes de estrellarme.
Estoy hecha de barro que quiere ser útil.
Si enciendes una vela en mi centro
convertiré la luz en incienso.
Las lombrices de porcelana son de oro.
Soy de la tierra que hace surcos,
donde por amor la brisa se vuelve humo.

Jardín

> *El presente es una tabla flotando en el mar,*
> *el mínimo desequilibrio y se hunde.*
> FATMA AL-HUSAYNI

Tengo presente
la fragilidad de desabotonarte, abrigarme antes de olvidarme
en los andenes.
que cuando te conocí te pregunté por la dirección
de unos holandeses.
Tengo presente que la vida se aferra para que no la arrastre
la tormenta.
Tengo presente que el amor nos mira en diagonal,
la tentación de unirme a la tribu de tu humedad.
Tengo presente que no se reparan los juguetes,
que hay estrellas disimulando que queman aceite.
Y tengo ausente que el negro se adhiere a la oveja,
cortar leña, avanzar contracorriente,
desprender olor a ranchera.
Tengo presente que suena el despertador
y despierta una lejanía,
el elepé de los Beatles que rescataste de un tsunami
y el aroma de tu fin de semana.
Tengo jardín, y el invierno me deja al alcance de tu mano.
Tengo presente a los ausentes,
que se sumergieron para, desde el fondo,
enseñarte a respirar.
Yo me hubiera devuelto para mirarte,
hubiera alterado los documentos del Sistema Solar.
Dejo la estela como un asesino deja sus huellas,
para que me alcances.
Desde mi órbita veo

a unos recolectores que desembocan una hoguera,
no distingo si queman costumbres del invierno
o ropa de sirena.
Lo miro desde mi escaparate. Del clima solo escucho
el gris del viento.
Heredamos la sed y la vida es la búsqueda del pozo.
La vida consigue lo que se propone.
Estamos en racha: hoy amaneció, las ramas nos sostienen
el mar cree que el cielo es su techo
y que no está a la intemperie.
Aparecen huellas en la playa de Labuán pero no se distingue
la desnudez o si limitas al norte con los cerezos.
A punto de cerrar el Observatorio por falta de presupuesto
el cometa Halley recolecta fondos y lo salva.
Y a los lobos Navotas de su extinción.
Y salva al amor.

DENNIS ÁVILA

Nacido en la República de Cráneos, de la que tue ácadle ánes de partir al exilio a Costa Rica, por razones transparentes que nunca han resultado claras. Letrista habitual de Joaquín Sabina desde el 2009, cuando el de Úbeda le cedió a veces parcial, a veces totalmente, la escritura de las letras de sus canciones. Suyas son las letras de los discos: *A dúo con tu última vez*, *Mi disco de platino por uno de tus besos*, *Ciudad de gatas* y *Pongamos que me pones*. Los poemas seleccionados son letras que no fueron usadas en el disco, *¿Me dejas subir a tu bote salvavidas?* Es autor del blog, *De cómo dejar caer en el bar que ser letrista de Sabina ayuda a ligar*. Y del canal de Youtube del mismo nombre, que tiene millones de suscriptores y comentarios mayoritariamente adversos. Como poeta trata, sin éxito, de huir de la influencia del letrista. En Poesía ha publicado los libros: *Ojalá fuera cierto que no tienes nada que ponerte*[21], *Los inacabamientos que me dejaste*, *Cartílago* y *Predilecto de tequila*. Es fundador de la Editorial Zumo de Papel, con la que ha publicado traducciones de poetas persas, vendiendo millones de ejemplares, forrándose de dinero, consiguiendo ser la envidia del mundo editorial, que ya se sabe, está formado por gente seria. A pesar de los millones, Dennis sigue cocinándose sus propios tacos catrachos.

Las regalías que obtiene por esta Antología las invierte en un empresa sueca de carne vegetal, que no se distingue en absoluto de las perlas.

---

[21] Este libro sirve de base para el guion de la serie de Netflix: *Ojalá fuera cierto que no tienes nada que ponerte*, ambientada en el mundo de la moda y el tráfico de la ropa usada latinomericana hacia Estados Unidos. La comedia, que va por su quinta temporada y ya ha confirmado tres temporadas más, es la más vista en dicha Plataforma. Dennis es guionista y productor ejecutivo de la serie, en la que importantes escritores amigos suyos han hecho cameos, como Milan Kundera, Marisa Russo, Stephen King, Haruki Murakami, Ken Follet y J.K. Rowlling.

Cinco de febrero

Buenos días, Reino,
hemos restablecido las fronteras,
el enemigo acampa en las afueras, en el diezme,
deambulan los de siempre,
ahora corresponde hacerlos coincidir con los de nunca,
que son los más reivindicativos,
que reclaman carne en vez de patatas, luz en vez de sombra,
agua en vez de piedras, qué locura.
No me gustan esos que dicen:
Almudena, ponme con su Majestad.
Cada estrella ilumina una baldosa.
Claramente,
lo que te mueve es más desafiante que lo que te mantiene
en tu eje.
Todos los que han construido tus techos
vienen a revelarme que soy tu intemperie.
No vine a tomarte el pulso, la espada que te divide
deja en mí tu mitad
y en ti ocho cuartas aves.
En una tienda de usados compré
el "Sinatra – Jobim Sessions"
con el dinero destinado a tu collar de diamantes,
nunca podrás perdonarme,
tal vez un poco, brevemente, esta noche,
en el estupor de los oyentes.
Me gustaría conocerte otra vez, sin satélites,
sin consejerías, sin gestores, sin fondos buitre,
a pelo, sin contemplaciones.
Que a estas alturas nadie esté dispuesto a morir por ti
es tu gran logro,

que cada vez menos gente dice *no eres mi tipo*
con seriedad, aplomo y en sus manos un mojito.
Me gustaría conocerte en un bar sin esquina,
es pronto para dar el búfalo por cazado,
sobre todo porque no tenemos pradera, ni ballesta, ni brisa,
ni puntería.
Pero sí tenemos hambre, que no es poco tomate.

Buenas tardes, Reino,
no consiento que me llamen "Majestad"
antes del tercer margarita.
De tantas películas basadas en hechos reales
nos quedamos sin realidad.
Vestimos incrustaciones de seda, de vino, de milagros.
Recorro mis dominios, cada vasallo es una extensión
de mi frío,
de mi detrimento, de mi nueve por ciento.
En mis comarcas la gata semidulce salta hasta rozar
la gata semiseca.
Me he dado contra un cristal de *smooth jazz*,
es este golpe en mi frente, pero como soy de la nobleza luce
como un zafiro.
Claramente,
el rojo aspira a confundirse con el ocre
y entrar al río a provocar el desborde,
me estremece tu media hora antes de la medianoche.
Uno de los catadores vendados es clarividente,
no es trampa, es destino.
Me gustaría conocerte en una encrucijada,
en un minuto noventa, en un *señores, el bar se cierra*.
Vamos al fresco, ni rabo de gaitas.
El líquido que nos recorre las venas viene de la Luna,
por eso nos congelan los eclipses.

Me gustaría que me conocieras en un fuego cruzado,
así te desilusionarías al minuto
y ya estaría contracorriente, en lo contrario, en lo opuesto,
que es como mejor me manejo,
que solo los meteoritos no se devuelven.
La Eternidad es de cristal, no la vayas a romper,
viento que no dispersa es humo.
Ir a misa no nos hace ningún mal.
Me gustaría conocerte cuando acabaras de decir *en fin*.
Si te fijas, siempre hay un policía retirado en la barra,
y si no te fijas también.
Me gustaría conocerte en el apocalipsis,
único lugar donde mis guisos te pueden impresionar.
Me gustaría conocerte en un verano en hibernación,
con la temperatura corporal casi en cero,
respirando una vez cada semana, aprovechando
cada migaja de luz,
cada gota en el sendero de las princesas.

Buenas noches, Reino, es la hora de las apariciones,
de brindar audiencia a las sombras,
de la opacidad que nos contiene sin pedirnos
una luz para entrar, para brindar, para repicar
sin ser campanas, sin ti.
Somos el epicentro de la oscuridad,
nuestras caravanas abrevan
en la misma latitud de Burdeos, como sobre una cuerda.
Este año aumentaremos las uvas,
cada casa tendrá una laguna,
hago promesas como si me fueran a votar
en unas elecciones,
como si no fuera un dios, como si mi sangre no fuese azul,
como si no los amara tanto como para repartirme

en el trigo, para que me devoren, para que vean mi amor
en el horizonte.
En los todos hay un ninguno que te ama.
Estas astillas se suben unas sobre otras con la esperanza
de llegar a ser tu casa.
Es el dolor el que acude a tus dedos,
como una caravana de hormigas polinizando un tulipán.
Hay un siempre que carcome tus cuerdas vocales
hasta que te sale un jamás. El tambor timbra.
La repetición degrada la sorpresa a cotidianidad,
lo que llamamos el día a día es un dedito del sol moviendo
la bolita.
La luz hace su tarea, tu invisibilidad, la recuperación
de lo que extraviamos.
Tu vestido negro nació blanco,
como las palomas que se van tiñendo,
vivo sin alivio, caminando sobre una cuerda
que niega el equilibrio.
Me despediría de ti si no fuera.
De aquellos mimbres esos muebles,
hemos colgado el cartel de "No hay billetes",
claramente.

Pero no me hablaste de los dioses[22]

> *Que amanezca significa que ha despertado un nuevo dios,*
> *tenemos su luz para adivinar sus intenciones.*
> IGUATARA KAXBAL

Ahora que vas por tu budismo catorce
y ya hueles el Nirvana en tu vida ciento once,
recuerdo tu primera vida.
Me enseñaste la diferencia entre el sol
y el diente sables de tigre,
me enseñaste a cosechar sin despojarme de lo nómada.
Me contaste la leyenda del humo
como un animal independiente del fuego,
a mordiscos de los meteoritos arrancabas cobre,
pero no me hablaste de los dioses.
El fin de semana no existía pero ya había en ti
un remoto a yerbabuena, margaritas y barra de bar.
Me explicaste el funcionamiento de la cueva,
a mordiscos arrancaste al invierno una gota de deshielo
para mostrarme el milagro de la primavera.
Te interpusiste entre la Era Glacial y yo.
En los ojos de una loba me aclaraste
el significado de la noche,
pero no me hablaste de los dioses.
Adiestraste mis manos en el amorío entre la carne y la fogata,
millones de palomas antes de que la atravesaran
señalando un círculo de vapor me dijiste
aquí habrá una ventana.

---

[22] Este poema es patrocinado por la Fundación Atapuerca, Patrimonio de la Humanidad, que transfirió al antologador ciento veinte millones de dólares para impulsar su inclusión. Nuestra gratitud a sus codirectores Juan Luis Arsuaga, José María Bermúdez de Castro y Eudald Carbonell.

Te fuiste con las caravanas para enseñarme a esperar,
regresaste con un samurái que cuidaba un bonsái,
era su manera de luchar, de derrotar a los invasores,
de despojarse de su armadura.
Me rescataste de las fauces,
eras mejor en una era sin mediciones,
pero no me hablaste de los dioses.
Me enseñaste a diferenciar una brujería de una garza,
ante una semilla de maíz me dijiste
hazle espacio en tu mano a esta civilización.
Señalándome una uva de vidrio murmuraste
necesitaremos botellas.
Cuando quise entrar a un templo me llevaste al mar,
a conocer la religión de las olas.
Sin ponerme ejemplos me dejaste entrar en tu bosque,
pero no me hablaste de los dioses.
Me decías *huye del siempre y del nunca,*
¿ves esa arcilla comiéndote el corazón?,
un día será la ternura;
huye de la Historia,
es una batalla entre vencidos y vencidos.
huye de lo que pueda poseerte,
no todos los techos comprenden la intemperie.
Cuando dividí el mundo entre cazadores y presas
me hablaste de los druidas,
América crecerá bajo el viento de aquel bisonte,
pero no me hablaste de los dioses.
Granos de trigo salían de tu boca
para convertirse en minutos
que acumulados en un silo serían un siglo.
En tu segunda vida estallabas cometas si los mirabas,
fijabas un gorrión sobre un águila para ayudarla a pensar

y me ponías a contar sin números las casas
hasta ponerles nombre de ciudad.
Un prado sangraba de flechas persiguiendo antílopes.
Me habría convertido en un felino de resina sin ti,
habría terminado levantando una antorcha
sin comprender la iluminación.
A falta de pieles sacábamos el calor de la lentitud,
a falta de canoas flotábamos en chillidos.
Me enseñaste a momificar faraones,
pero no me hablaste de los dioses,
porque no me querías culpable, ni triste,
ni de rodillas, ni preso de oraciones,
me querías libre.

Codeína

> *La invención de la codeína para aliviar los dolores del amor*
> *ha enriquecido a mi farmacéutica.*
> HANS BEKENSELL

Te gustan los apellidos con una vocal,
en los que lagos búlgaros sobrevuelan ciudades alemanas.
Llevo un curso de cerámica los fines de semana,
hice un cenicero, ahí guardo tu anillo de boda
cuando crees que lo has perdido
y lo buscas en la hipnosis de la cobra.
No fumo, hice un cenicero porque el horizonte
necesita una madriguera donde dormir.
Ahora que tampoco bebo tengo sed de un mal trago.
La fuerza de la gravedad es un molino que refina mi sombra,
me destrona un príncipe al que le enseñé todo lo que sabe,
miro para otra parte, solo tú conoces el desenlace.
Ya no tenemos esa ventaja de recordarnos años más tarde.
La verdad es que depende del día que uno tenga.
Me gustan los políticos que enfrentan mociones de censura
con un voto de diferencia.
El tren repentino no es inesperado.
Esta sopa la hago con huevos autografiados
por Simona Halep.
Un doping de orina me da positivo de ti,
eres mi codeína prohibida,
tu sudor se evapora,
ese humo entra en mi respiración
como en una casa.

SUITE

Las lobas del bosque fermentan en tu paladar el arco iris.
Las focas encienden tu ombligo con hielo.
Gotean icebergs en el pezón de tu tibieza.
Aunque tu boca emita en directo me haces sentir
que es un ensayo,
que puedo equivocarme, tropezar con un cable.
Irradias una gaviota en mis estremecimientos.
Pongo sobre tu espalda los apaches y comanches
que me enseñan que tu sombra es mi tipi.
La actitud del brillo hace nido en tus piernas.
Desnuda sales de marzo y entras al jazz.
Tu tribu huele.
Me cubren mil techos pero me liberas a la intemperie[23].

---

[23] Optamos por la traducción de Olev Rossonov, en el artículo *Poemas que encogen con la lluvia*, a la más popular de Natalia Resembrick, en la reseña *La humedad en la Poesía de Monsieur Ávilá*, la doble tilde es optativa, pero le agrega glamur. (Señor maquetador, por favor, respetar la doble tilde).

Un rayo

> *Los poetas que escriben testamentos*
> *merecen ataúdes de cedro,*
> *y ser enterrados en volcanes.*
> LADISLAO BRISENKSI

Ya sabes lo que dicen,
puede que te mate un rayo saliendo de este poema,
pero si todo sale bien, yo moriré primero.
Y te quedará el planeta entero,
los derechos de autor de mis libros,
y como la Kodama le dice Borges a Jorge,
te referirás a mí como Ávila.
Cuando me haya ido quiero que mastiques despacio,
que te pongas vestidos blancos, y que salgas, no te quedes
en esta casa que no terminamos de decorar porque siempre fue la guerra
entre mi amor por los espacios y tu amor por los muebles.
No hagas nada en mi honor, no hagas lo que a mí me gusta que hagas.
Cuando esté muerto, amor, mátame en ti.
Es mi manera de sobrevivir.
Los cuentos son ciertos, sí existe el más allá, el cielo
y el infierno.
De dios nadie sabe nada,
esto está administrado por una corporación.
Por fortuna yo hice méritos, rompí platos,
me metí contigo y eso me asegura la suite 23 del infierno.
En el infierno no hay un calor como el de tu cuerpo.
Nunca me perdonarás que haya muerto,
tomar un vuelo sin ti fue renunciar a mi amuleto.
Parte la cama con un hacha, has un librero con mi mitad.
Me gustaría conocerte viuda, joven y rica.

No gastes en médiums,
no tengo nada que revelarte,
fuiste la única desde que te vi.
Cuando en la casa encuentres lo que perdí
y estuve buscando,
no será tarde.
Yo no soy esa sombra, amor, ese éter, ese vapor,
no soy ese fantasma,
soy quien cambia las canciones,
quien empaña los espejos cuando sonríes,
soy quien abre para ti los campos de maíz,
porque aún desde aquí sigo empeñado en hacerte feliz.
De lo que dejé publica lo que quieras,
reediciones, Antologías,
con la condición de que las ganancias
vayan a la Fundación "Un Jack Daniels para ti".
Y sigue, amor.
Sigue hasta el fondo, hasta que un rayo te mate,
hasta que me alcances.

Minor Arias Uva

Poeta maya, tradujo a poetas de su pueblo en las Antologías: *Bandada de velas encendidas*, *Poemas que caminan bajo el quetzal* y *El libro con alma de marimba*. Es profesor de Literatura Maya en la Universidad Autónoma de Chiapas, desde donde organiza el "Premio Internacional de Poesía Cántaro de Tres Asas". En Poesía ha publicado los libros: *Pájaros de herrería*, *Poemas vistos desde un coral transparente*, *Río de jade* y *La uva de mis ojos*.

Minor dirige el Programa de seguimiento satelital del Instituto Karolinska, de Estocolmo, que registra y guarda en una base de datos cada nuevo poema que se escribe en el mundo, usando la tecnología sueca Direct Eyes. Es un programa pionero en Poesía, aunque se ha usado en arqueología. Si el poeta destruye el poema inmediatamente, aún así queda respaldado en la Nube Sueca; incluso si el poeta piensa el poema y no lo escribe, queda registrado. Esto ha permitido rescatar poemas y libros que quedaron olvidados en taxis, se perdieron en incendios, cayeron en ríos y lagos o fueron destruidos en discusiones conyugales por infidelidad. El satélite envía una ruidosa notificación al teléfono de Minor cada vez que en el mundo se escribe un poema, sin importar la hora, lo que a veces le genera molestias pues está en el cine, bañándose o durmiendo.

Minor y su equipo, al frente del cual está Monsieur Picard[24], trabajan en extender el seguimiento al Universo; por lo que, si se recibiera un poema de otra galaxia, demostraría, tal vez no la existencia de los extraterrestres, pero sí la de poetas de otros planetas.

Los poemas seleccionados pertenecen al libro *La oración del maíz*, que escribió en Chiapas, durante un generoso patrocinio del Instituto Max Planck.

Minor Arias Uva es un heterónimo del poeta maya Humberto Uxul, es la primera vez que un heterónimo cobra vida, y pasa a esta dimensión física. Uxul lo asume con prudencia, pues se rumorea que hay otros Minor Arias en Guatemala, Alaska, Groenlandia e Islandia, países que le son afines por sus Poesías originarias.

---

[24] La identidad de Monsieur Picard es un misterio. Sabemos poco, que es chef, que cocina para una mujer que habla por teléfono, que vive frente al horizonte, que chorrea su camisa de sopa, que se levanta temprano, que ama de madrugada, que ama el jazz, que tiene un hijo pequeño, que hace la compra en jeans, que se incomoda un poco si lo reconocen, y que está escribiendo una novela.

Comalcalco

> *La montaña enciende una vela en los ojos del maíz*
> *¿o las palabras iluminan mi mamo internamente?*
> El Libro de las manos iluminadas

La madre tranquiliza a la niña permitiendo
a tres luciérnagas entrar a su vientre.
Para entibiarla bebe té de hierbas.
Y arroja pizcas de sal al río para que su calor
no le aguare la vida.
La niña escucha mejor estrellas lejanas,
que el perro que ladra.

TOTONICAPÁN

El arqueólogo Edward Thompson me desenterró
hace ciento veinticinco años en Chichén Itzá.
Me creyó muerto y no me habló directamente.
Hablaba de mí con sus asistentes.
Midió mi jade ceremonial.
No hice movimiento alguno para no asustarlo.
Lo comprendo, ellos deciden morir.

OCARINA

El mundo tenía música cuando llegamos,
encontramos tambores, flautas,
y violines zinacantecos de dos cuerdas.
Los inventó alguien distinto
de quien nos trajo arcos, fechas y lanzas.
La espada se hace con los restos del trueno.
Tal vez quería un mundo hermoso.
O ambos ocupan zonas desiguales en nuestra alma.

YAXCHILÁN

El estado meridional de mi alma tiene cordilleras
que cantan hacia el sur
y se escuchan en Chiapas. Una estribación del Tzontehuitz
y el río San Pedro son mis ánimos.
Desciendo por cerros y desaguo en tus manos.
Escondo poemas en el corazón del jaguar.
Ya era yo en mi comienzo. Mis lágrimas saben de pantanos.
Soy un recorrido casa por casa a nivel del mar.
Que otros luzcan eminentes, nosotros abrimos en mayo,
somos máximos en junio y menguamos en agosto.
Como la lluvia.

PUUC[25]

> *Pongo capullos en tu sexo.*
> HUMBERTO UXUL

Puedo ser dueño de un trapiche
y de la indumentaria ritual, de vasijas de calabaza,
incensarios y manteles.
Puedo ser dueño de colores
y meses definidos por la curiosidad de los niños.
Puedo prestar mi casa por un año. La mula que mueve
mi trapiche no es su alma. Puedes prestarme tu voluntad
mientras te acaricio. Puedo darte mi deseo
para que lo mojes en el río.
Al amanecer tú y yo somos granos de una cosecha.
El imperio desaparece mientras dormimos.
Puedo ser dueño de la distancia que nos une,
nunca de la que nos separa.

---

[25] Minor, el real, no el de esta Antología, posee un trapiche, con el que extrae jugo de la caña y, en temporada baja de caña, extrae aceite de las aceitunas. Se ha convertido en el principal exportador de jugo de caña hacia los mercados asiático y africano. Inventó una champaña hecha de jugo de caña, llamada CHAMPACAÑA, de notable éxito en Francia, y a la que se le atribuyen los efectos mágicos de la hidromiel de los vikingos.

Ik

> *El viento es un espíritu.*
> CÓDICE MAYA GLORIER

El viento movió la piedra de nuestra civilización,
en el hueco que abrió construimos un lago,
el viento bajo el agua creó sus peces,
con plumas de quetzal que trajo de Campeche.
Gobernamos el fuego pero no intentamos
gobernar el viento,
aprendimos a ponernos a favor,
cuando construíamos en contra nos volaba la sombra.
El viento nace en la Cascada de Misol-Ha.
El viento no participa en nuestras guerras,
se niega a impulsar las flechas.
El viento no tiene un plan para nosotros,
nos habla como las hormigas hablan al oso,
el viento es un cuarzo que vuela.
Mete las almas en los cuerpos en el instante de la vida,
y enseña a la tormenta que debe tratarnos
con modales de brisa.

CALENDARIOS

> *El calendario es un pozo que mantiene atrapados a los días,*
> *para seguirte se escapan.*
> NICTÉ BALAM

Según el calendario tzolkin[26]
de doscientos sesenta días, nos conocimos
y luego de un inicio difícil amasamos con adobe
una vida. Según el calendario haab
de trescientos sesenta y cinco días aún no te conozco
y vivo intentando meter los peces
en la lluvia porque no te gusta verlos sufrir.
Ambos calendarios
ponen la Luna en lo alto de mi destino.
Pero no ignoro que uno cuenta
nuestro amor y otro mi espera.
Creo que el calendario haab
equivoca un segundo cada mil años,
porque te conozco, desayuno tus tortillas
y estoy atento a que tu sangre desaparezca
para que vengan los hijos.
El calendario no puede saber más de tu amor que yo.

---

[26] Tzotzil: una de las lenguas mayas que se hablan en Chiapas.

Ajau

Como alta autoridad en los banquetes me quedo de pie
para atenderte.
Visto modales de bronce.
Te acerco
vasijas para el lavado de manos
y te presento el alimento ritual.
Pongo capullos en tu sexo.
Y adorno el cabildo de tu amor.
Preguntas, ¿lo haces porque eres el regidor?
No, lo hago para que me mires.

CH'UP

> *El jaguar canta en los grillos y calla en el lago.*
> COUOH XULUC

Desnuda eres el jade que un dios extravió
en su peregrinaje.

KOLNÁAL

El último grano de maíz no existe.
El último hilo rojo del telar es invisible.
La última mujer que teje el huipil ceremonial
es la niebla.
El campanario ahorra una campanada
por si el sol demora.
Nuestro último beso late sobre una alfombra
de pino.
Esa festividad
que mueve hojas al amanecer
es la oración del jaguar.

WAALAK

Mi padre pagó a la partera
cincuenta mazorcas y una botella de aguardiente.
Ella anunció mi sexo:
¿es mujer?
no,
¿entonces varón?
no,
¿tigre?
no,
¿es lago?
no.
¿Entonces?
Es poeta, mezcla jaguar, quetzal, orquídea y bambú.
Desprendido de la cordillera.

CENOTE

Mantener en las plegarias nuestro primer beso
lo mantiene pluma en la corriente,
inquieto, sonoro
y regresando.

KÚUCHIL

Pide permiso a la Santa Tierra
para vivir en esta parcela.
La casa.
Dale caldo de pavo a sus esquinas
y avienta tres tazas al techo, así será habitable.
Eres la casa y tu cariño me hace habitable.
El anciano doma la casa
y la anciana enciende la lumbre. Tú y yo
no somos fuertes para semejante intimidad
y la casa brava puede derrumbarnos.
Algún día unos jóvenes nos pedirán domar su casa,
serás hermosa aún como la cosecha.
El humo no es el alma de la leña, es un animal independiente
        que la corteja.
Eres la leña.

Aktáan

Descalza hueles a semilla.
El aroma es conocimiento.
Cuando los árboles tengan fruta llamaremos
a nuestros hermanos.
Los pájaros varían en vuelo:
no es un efecto visual, se agrandan
y empequeñecen según altura.
La vida nos aflige y regocija juntos.
Tu aroma no decide, propicia.
Los ancestros discuten si el alma del maíz vive
en el tallo, las hojas o la mazorca.
Ahora sabemos que vive en la brisa.
Eres la segunda cosecha, que no todos plantan
y es pequeña, sembrada
para reponer granos en una reserva mermada
o por el placer de saborear maíz nuevo.
La fecha no es mía ni del calendario:
camina en un diciembre con Luna[27].

---

[27] El Telescopio Europeo Extremadamente Grande (E-ELT), ubicado en Chile, que tiene un espejo primario de 40 metros de diámetro, ha visto en este poema el inicio del Tratado de Eclipses y Apocalipsis, escrito por el Consejo de Sabios de la Pirámide de Cobá, que Minor sube cada vez que va a México a impartir sus Cursos de velas aromáticas y Flores de Bach.

Bakche

Otro oficio imposible de rehusar
es rezar a petición de los demás.
Si hila o muele grano,
si hierve maíz o cose su vestido mientras reza,
la oración será fuerte porque sus manos cantan.
La rezadora tiene dos memorias:
una de ruegos y ceremonias
y otra de muertos que le hablan.
Hace cinco generaciones el cañaveral reza
y en el corral siempre hay un macho en pie de cría.
Cuando no recordamos santo rezamos a la Luna
para que ayude al alma a cruzar el río
camino al Más Allá.

MAK KUUM

Cuando me vaya dejaré el mundo tal como estaba.
Para irme no me servirá la fuerza del jaguar
sino la serenidad del río.
Usaré la flor, no el volcán.
Te revelaré mi verdadero nombre para que lo siembres
y si he sido justo florecerá una orquídea.
En mi próxima vida me gustaría ser tejedora
de plumas de Zinacantán, aunque deba huir
de un vientre a otro.
Si renazco en lago báñate desnuda en mí.
Por cada grano de maíz
puse una gota de sudor en la tierra,
a veces una lágrima
Me gustaría irme antes para tener sembrada
una milpa espiritual cuando me alcances.
Lo aprendido queda en esta calabaza para nuestras hijas.
Y si una estrella cae te ruego usar lo que queda de mí
para reponerla.

PECHECH

> *El trapiche nace para moler estrellas,*
> *que lo uses con maíz alegra al río.*
> HOLKAN POOT

Nuestro año tiene cinco días amargos
que no pisan los santos. Los necesito
para amarte de una manera extraña, como si no
fuera y equivocara las manos al tocarte.
Tu beso comienza el año agrícola.
El rezador invoca al Dueño de la Montaña
por buena cosecha. Eres una procesión callejera
de imágenes. Eres el mes en que planto maíz.
Al nacer mi madre envolvió
mi corazón en hojas. En tu oración
el viento no quiebra las cañas. Eres la campana
que llama a los difuntos a compartir la cosecha.

ELEMUY

Abuelo,
si desaparece una estrella, ¿su vuelo terminó?
El viaje de las estrellas no acaba.
Y si un jaguar muere, ¿está lejos?
Su vida sigue en el río.
Abuelo, ¿cuánto mide la cumbre más alta?
Lo que el pájaro demore en subirla.
¿Cuánto pesa mi vida?
Ocho cargas de leña.
¿Y la tuya?
Cuatro cargas de especie.
¿Pesa más la mía, Abuelo?
Pesan igual.
Pero tú eres viejo.
En el río tenemos la misma edad
mirada desde orillas distintas[28].

---

[28] Para la traducción de la palabra "abuelo" hemos optado por la versión de la Academia de la Lengua Maya de Reikiavik, Islandia, en detrimento de la versión en conserva de la Asociación de Fabricantes de palabras mayas condimentadas. Es una decisión que ha generado polémica. Aunque el sabor es bastante similar, el Consejo de catadores de palabras mayas prepara un comunicado. La tensión se palpa.

Leda García

...cido en Egipto, doscientos cincuenta metros al sur y cincuenta metros al oeste de la Esfinge, frente al taller de momificación de Anuket. Antes de su fulgurante carrera literaria tuvo una exitosa fase de escritora de libros sobre vidas pasadas, regresiones, estados de conciencia alterados, recuperación de recuerdos y encarnaciones, publicando los *best sellers* Fuiste tú mil veces, Te conocí en el Siglo XII, Ámame como en Babilonia, Págame los mil denarios que te presté en Roma y Me gustaste cuando fuiste Nerón. Fundó el movimiento "La reencarnación poética", con el que ha ayudado a muchos poetas a recordar sus vidas pasadas, a este antologador lo ayudó a recuperar recuerdos de cuando fui Homero, William Shakespeare, William Blake, T. S. Eliot y Walt Whitman. Leda ha demostrado científicamente que todos los poetas de esta antología fueron egipcios, y que los poemas que escriben son traducciones de los papiros que escribieron en el Antiguo Egipto.

Según una leyenda cuyo origen se pierde en la neblina de los milenios, se le llama "La Faraona de la Poesía Costarricense", título que dio origen a una serie de Netflix sobre su vida. Actualmente se está filmando la sétima temporada, que abarca desde la publicación de su novela *Tres milenios de amor*, hasta su viaje al espacio, en la nave Ramsés, de la empresa SPACE X, de Elon Musk.

Es fundadora y CEO del consorcio de turismo Cena con Tumotsis y Nefertiti, con la que organiza excursiones y tours poético – turísticos a Egipto[29].

Es fundadora y CEO de la corporación Fuiste Cleopatra, con la que ha conseguido que miles de mujeres en el mundo experimenten regresiones y recuerden sus vidas pasadas a las orillas del Nilo.

En Poesía ha publicado los libros *Creo, Patra, Me cruza el nilo* y *Recobra la cobra*. En novela también ha publicado *La faraona cabeza de grulla* y *Los papiros de Tres Ríos*.

---

[29] La empresa ofrece varios tours, el más popular es el que por cincuenta mil dólares permite a los turistas regresar de Egipto con la momia de un gato. Se rumorea que ocupará el primer lugar de la papeleta de diputados en las próximas elecciones, representando a la Coalición "Mejorar la vida". La Faraona, ni lo niega, ni lo niega.

CLEOPATRA

> *No sé si escribo para reina*
> *o para la princesa que la envenena.*
> EMERICH VOGL

Entra Cleopatra, intentando deslumbrar a los lectores.

—En realidad queremos hablar con César Octavio,
así que, si me permites...

Sale Cleopatra, jurando venganza.
Entra César Octavio, le molesta la arena en nuestros ojos.

—Llegaste, venciste, oliste a Cleopatra como un gato
y le pasaste de lejos.

Se sienta en una silla de playa que no sabemos
a quién pertenece
frente al Mediterráneo.
Recoge un vaso de vodka que no sabemos a quién pertenece
en un bar de Tebas.
No sabemos cuál escorpión usa como sal en el desierto
la arena que desprende su túnica.

Se muerde sus labios:

—No tengo mañana. En la cesta estamos Cleopatra,
la cobra, Roma y yo,
siendo Roma el mundo, siendo la reina
la que gobierna las salamandras,
siendo la cobra su destreza de hipnosis
y yo quien debería amar donde Julio César amó.

Cleopatra desata con hilos los barcos.
Antes del milagro del pan y los peces
ella multiplica sus piernas,
crea halcones no nacidos de huevo
que hablan por ella,
hechiza a los sacerdotes,
el Nilo le devuelve naves que repiten la palabra naufragio
como una oración.
La historia de Cleopatra y el Nilo
ilumina a quienes intentan sobrevivir cuarenta días
en el desierto.
Cleo escribe las reglas del juego menos la que define
quién gana, quién pierde,
las joyas de su familia son lamidas por la intemperie.
La reina nos muestra un tatuaje de la diplomacia del caviar,
que la recorre,
lo opaco le obedece.
Creo, Patra, que el desierto conoce cuántos granos de arena
te integran, que los cuenta cada día,
y hoy no le salen las cuentas.
Creo, Patra, que alguien revisa tu contenedor de basura
buscando comida, sueños, estrellas.
Ahora es fácil amarte, descolgar tus retratos
de los templos,
ahora que te marchas,
y la cobra trabaja para que tu ausencia no se note.
Ahora que lo que queda de la Biblioteca de Alejandría
es un dios que te cura en la noche.
Amas las cobras para siempre pero te alimentas
de su fugacidad.
Creo, Patra que esa electricidad de anguilas
son tus vértebras intentando volar.
Es cada vez más temprano.

Tu túnica habla.
Nacemos lejos de donde deberíamos,
tus ojos creen que abrirse es cerrarse.
Nefertiti falsifica tu firma en un papiro de amor.
Las cobras que matan cantan con las cobras que curan,
Creo, Patra, que la transformación en mariposa
es un acto de desesperación de la oruga.

Cobra

Se recobra la cobra
de las siete plagas de Egipto.

Nilo

Una dinastía de faraones es una caravana de relámpagos
que se detiene unos milenios a comer dátiles.
KEMEK SOBEK

Nazco de arena,
de diosas acostumbradas a mirarse en el espejo
y ver gatas, barcazas, garzas.
Me cruza el Nilo.
Soy de abrevar, de irrigar,
si afluente tuviera verbo sería yo.
Como las pirámides tengo una cámara sin descubrir.
Nací lejos de mi madre,
no pudimos coordinar horarios, trenes, hospitales.
Con pisarla vuelvo milenaria la arena,
no me sigas, terminarías comprando cestas con serpientes,
por si acaso llega Roma.

SOPA DE POLLO

Cuando nacemos ya la sopa de pollo
tiene el sabor que los publicistas creen que interpretarás
como pollo.
El mundo está organizado en colores, marcas,
tamaños, diseños, para que solo encajes,
ya establecieron que debes guardar ayuno
doce horas antes de un examen del colesterol,
ya tienen una bandera sobre ti, registros,
un dios y un demonio que se turnan para hundirte
y mantenerte a flote.
El mundo te ofrece su mitad mentira, mitad verdad.
El mundo ya puso nombre a las fases de tu ciclo
de fertilidad,
ya puso marca a tu ropa, una raya para que no cruces,
un hueco para que hundas tu cabeza
como avestruz.
Pero tú no caes,
la sombra de tu gata es de tigresa dientes de sable.

PRATA

Te calculo domingo leyendo en la Fábrica de Braço de Prata,
arrebatándole en el último bocado tu cuerpo a la Ciencia.
Te calculo metro sesenta y nube
o gota de tibieza en el invierno,
respondiendo las preguntas de las montañas.
Te calculo cincuenta y trigo kilos o un naufragio
del que emerges y nadas hasta la orilla.
Sin probeta, balanza ni calendario,
te calculo sin latitud, sin diámetro, sin exactitud.
Infinitamente.

VIDRIA

El poema que cae y se quiebra no estaba destinado al papel
o al agua.
El poema que no consigues sostener en el aire
y cae
no estaba destinado a ser tu taza de café,
ni tu carta de despedida
ni tu lista de compras.
Ni tu boleto para entrar al mar
ni tu escudo
ni tu pasaporte
ni la llave que alguien olvida en tu mano.
Ni el grifo que no cierra.
No estaba destinado a ser tú.
Su destino era partirse en pedacitos,
como a veces el amor.

ESTAMBUL[30]

Este poema es el abuelo que emigró a España al estallar
la Segunda Guerra Mundial,
sus modales se mueven en ti.
La contraparte femenina de este poema es una maestra
de yoga Kundalini.
Ten cuidado, a veces te dicen *la vida es esta videoconferencia*,
no toques los botoncitos, tú siéntate ahí,
te mueves en este metro cuadrado de Universo
que con cierto disgusto hemos dispuesto para ti,
tú en última fila, si tienes una pregunta levantas la mano
y la dejas levantada los años que haga falta.
Este poema es la mesa al fondo para que cenes
sin llamar la atención,
porque hay muchos que entran con invitación,
tú estás en fila de espera de la vida.
Ten cuidado, a veces te dan pan de ayer y de dicen
que es de mañana,
te meten en una foto en Estambul y te dicen
ahora encuentra tu casa.

---

[30] La versión original de este poema se publicó en zaza, lengua indoeuropea hablada principalmente en el este de Turquía, conocida como kird o kirmanc, en la Revista de la Universidad de Anatolia; traducido por Arda Kadir, primo de Arda Guler, jugador del Real Madrid, y Ministro de Cultura de Turquía.

LIMONADA[31]

No me explico Varsovia, la flotación en las cuevas,
lo adhesivo de las cintas
el parpadeo del vigía, la caza de ballenas,
que una generación aplaste la anterior no para avanzar
sino para hundirse.
No me explico la perduración de la costumbre de los cellos,
las gradas, con solo veintisiete letras
las millones de palabras,
la intemperie, el alivio, lo inquebrantable
el goteo de canciones capaces de despertarte.
No me explico el borde que subestima el centro,
el delirio sereno de hacernos compañía,
la desolación de las uvas descartadas para vino,
el borrar mil palabras y terminar escribiendo la primera,
la paseadora de perros que habla con los grillos,
el intento del jueves de tocar el sábado, las teorías sobre mi,
que lo banal sea confundido con lo leve
y que con las medallas hagas migas
que a ojos cerrados seguimos para llegar a Messina.

---

[31] Preferimos la traducción "limonada" de la estudiosa en temas nórdicos, Priscila Andrete, de la Universidad de Buenos Aires, a la traducción "té de limón", del cataloguista y fabricante de telescopios antiguos Enzo Bronston, de la Universidad de Calculta.

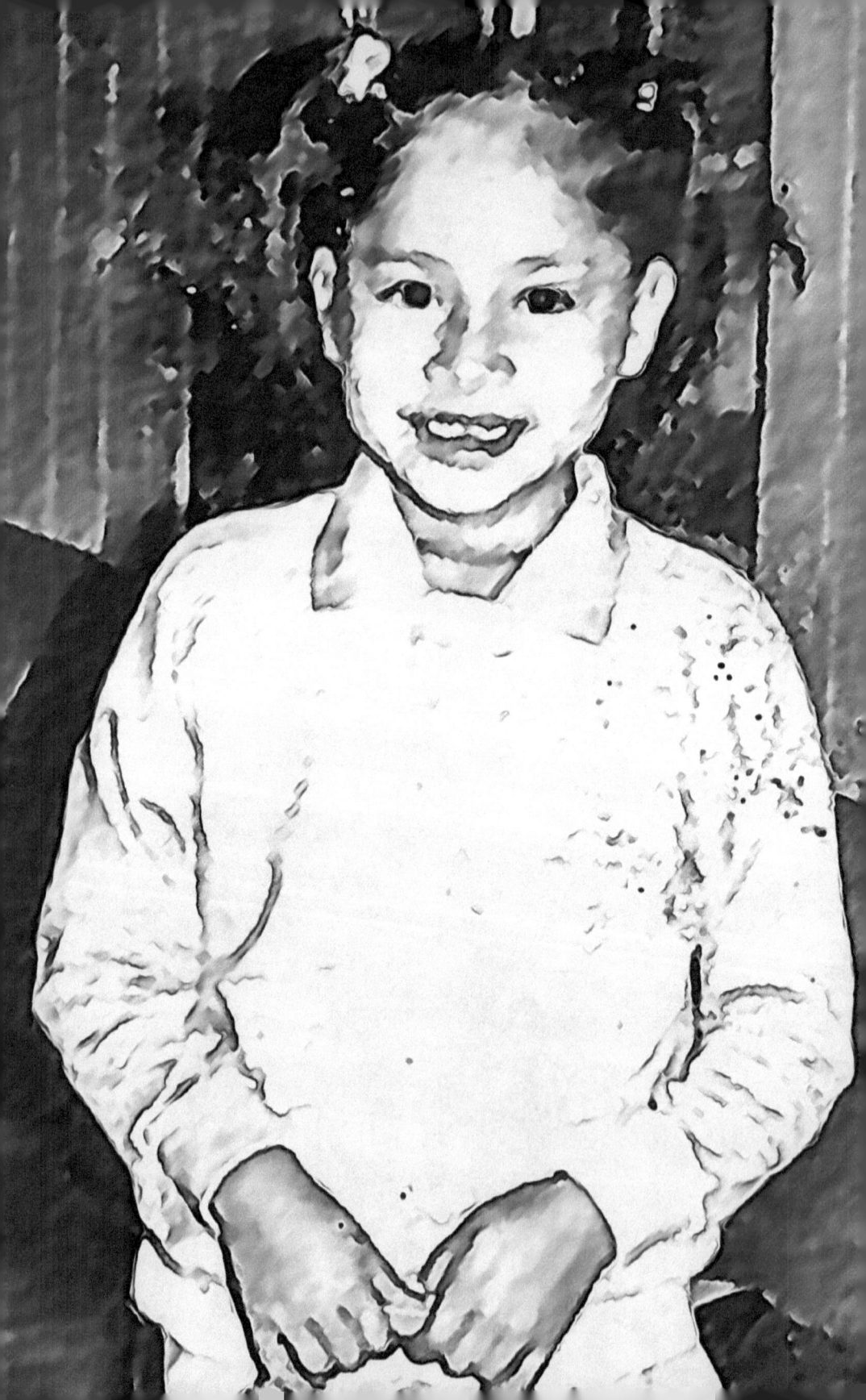

Laura Vásquez

Laura dirige el Programa Aeroespacial de la Municipalidad de Heredia. Obtuvo un doctorado en Ciencias del Espacio por la Universidad de la Sorbona, en Quito. El título de su tesis es *Poemas líquidos para motores de propulsión espacial*, en la que descubrió que en el enero de la Tercera Ley de Newton la Poesía sirve como plasma de combustión y acorta los viajes espaciales, con lo que alcanzaríamos planetas fuera de la galaxia en dos o tres días. Laura propulsa su carrera literaria al tiempo que Heredia propulsa la carrera espacial, ambas van de la atmósfera, pues ella ha publicado los libros: *La órbita de tus besos de medianoche*, *Fase de reentrada de tu cohete* y *Misión tripulada al Planeta de las Flores*. Es notable su relación con Richard Branson, propietario de Virgin Galactic, dedicada a viajes privados, comerciales y turísticos al espacio. Unas fotos de Laura de la mano con Branson en el Centro Comercial de Antea, acaramelados en la tienda Victoria Secret, comiendo helado de menta, desató rumores de romance, desmentido por Laura pero no por Branson, que ante los periodistas declaró "yo iría a la Luna y volvería, solo para llamar la atención de Laura", palabras misteriosas que lanzaron más madera a la hoguera mediática.

Es profesora de Velocidad Orbital en la Universidad Nacional de Heredia. Hija de la famosa mezzosoprano, Andrea Padilla, quien le inculcó el amor por la música y el arte, y también le mostró que la resistencia feminista debía transformarse en avance, ocupando espacios inhóspitos para las mujeres. Fundadora de la revista Los dientes de la Poesía, que circula en internet en inglés, español e italiano. Ha publicado en Poesía: *Río Bravura*, *Virreinatas*, *Radio Vertedero FM*. Y la novela *La maquinación de la maquiladora*, Premio Internacional de Novela Chavela Vargas. De su libro *La memoria de la ceniza*, que denuncia la violencia contra las mujeres, incluimos los poemas con los que participó en la Berlinale de Poesía[32].

---

[32] En esta Berlinale, Laura obtuvo el Oso de Diamante con su suite de poemas, *Yoko Ono*, quien viajó desde Tokyo para entregarle el galardón. De ahí surgió una amistad que derivó en la visita de la japonesa a la ciudad de Heredia, para fundar el Instituto de Música Ono, para niños discapacitados.

Sputnik

Los atardeceres en Sevilla tienen aroma de asteroide
para Valentina Tereshkova[33].
En la panadería algún fanático de la Guerra Fría le pregunta:
—Perdona, ¿tú eres la primera mujer en el espacio?,
y Valentina no puede evitar pensar que el amor
debería ser un aerosol.
El vuelo de Valentina activó la glándula femenina
de la galaxia
que cada amanecer manda a la Tierra una hormona
que despierta las lobas. Valentina vive en órbita.
En su bolso lleva un paracaídas por si tiene que descorchar
un *champagne.*
Parte de la luz que el Sol envía a la Tierra tiene la misión
de iluminar su corazón. Pasea a Laika,
la primera perra en el espacio.
Valentina despega a las quince horas de la cocina,
si hay buen clima aterrizará en la sala a las diecisiete.
Esa mariposa es su paracaídas.

---

[33] La Fundación Valentina Tereshkova ha contratado a Laura para que escriba la biografía oficial de la astronauta soviética, alojándola en la SUITE PRESIDENCIAL DEL HOTEL STELLA DI MOSCA, A RAZÓN DE CUARENTA Y DOS MIL DÓLARES LA NOCHE.

MILEVA

> *Hace poco hemos terminado un trabajo muy importante*
> *que hará mundialmente famoso a mi marido.*
> MILEVA MARIĆ

Mileva puso su apellido de casada, Einstein,
junto al abeto y pronto lo devoraron las hormigas,
a cada bocado se sentía más libre.
Mileva acostumbró a las universidades de hombres
a ponerle un pupitre a la sombra, junto a la ventana
donde alimentaba mapaches y casi no se veía.
La luz acumuló cerezos, magnolias y manzanos
hasta pronunciar su nombre.
En esta foto se ve a Albert anotando
mientras Mileva teorizaba sobre la relatividad.
Albert era relativo, Mileva era una colmena.
La gravitación de Mileva sembró trigo en la brisa.
Tal vez ella inventó los astros. Una correa sin perro maúlla
en el parque.
Tal vez Mileva inventó el humo, dándonos la pista
para encender el fuego.

Yoko Ono I [34]

En Osaka, sacerdotes en cubículos con frío acondicionado
actualizan estadísticas de lirios,
Yoko Ono conoce sus rostros y sus uñas,
les lleva sopa de tofu
y reza con ellos.
Adachi, el mayordomo de nieve que escapó del invierno
en Kioto,
la sigue con una taza de té de jazmín,
y empuja su carrusel. Pero mira la hora que es.
Yoko no es María Kodama.
El cerezo que vive en sus canciones
la suplanta en esta entrevista con Kathy la periodista,
que le pregunta por los desayunos con Lennon,
y el cerezo se estremece, acomoda su falda y piensa
¿qué respondería Yoko sobre los desayunos con John?
Kathy contiene la respiración,
el plató se convierte en un estanque
y Yoko flota en el pétalo de loto que imagina la primavera.

---

[34] Para la escritura de los dos poemas dedicados a la diva japonesa, la Universidad de Tokio ha abierto para Laura sus archivos clasificados, lo que ha causado roces con Apple Corps Ltd, dueña de los derechos de John Lennon. El litigio continúa, rodarán cabezas, mientras Laura toma té con Yoko en la Pops de Heredia.

UNIVERSO

Comprendo el Universo como un caos de energías
que intenta equilibrarse en ti.
Escucho al Universo como un desconcierto de sonidos
que pretende cantar en ti.
Atiendo al Universo como una jauría de aullidos
que trata de ser murmullo en ti.
Hablo del Universo como mil preguntas
que buscan respuesta en ti.
Recuerdo el Universo como una tormenta
que aspira a ser brisa en ti.
Entiendo el Universo como un desorden de girasoles
que procura volverse loto en ti.
Dibujo al Universo como un aula de escolares
que escriben en ti.
Me explico el Universo como nómadas
que emigran para cosechar en ti.
Concibo el Universo como ballena
que escapa del arpón refugiándose en ti.
Describo el Universo como una colmena de esclavos
que rompen cadenas en ti.
Palpo el Universo como un río de horas
que intenta ser instante en ti.
Toco el Universo como los naufragios que reflotan en ti.
Reconozco al Universo como el Himalaya
que entre veranos siembra un copo en ti.
Y comprendo el Universo como el tigre con manos
que con una cucharita escarba, buscándote.

Yoko Ono II

Han pasado catorce minutos desde la inauguración
de la exposición de Yoko
en el Guggenheim.
Exhibe todo lo que le lanzaron acusándola de la separación
de los Beatles.
Destaca el cuerno de rinoceronte del que conserva
una astilla en su corazón.
La Sala es de dos Alemanias de extensión.
Las hienas que le lanzaron deambulan
entre los críticos minimalistas.
Están las antorchas que le lanzaron, las gatas por liebre,
las piedras que rompieron su techo de intemperie.
Los chacales que le lanzaron en invierno se descongelan.
Los búfalos cruzan el Guadalquivir que atraviesa la Sala.
Cuatro camareros le lanzan huevos,
ella deja que las yemas resbalen.
Del aparearse entre una hiena y un chacal nace un ángel.

Coco Chanel[35]

El invierno acordona mi corazón.
Tengo la costumbre de las fronteras de soñar con ciudades.
Carcomo gramática, trago atardecer, exhalo sosiego.
Pongo correa a un perfume y lo saco a pasear para que orine.
A mi lado vivo un vértigo lento.

---

[35] Cuando Alain y Gérard Wertheimer, propietarios del holding Chanel Limited, conocieron este poema, invitaron a Laura y a su familia a París, donde le concedieron la Beca Coco, por la que permanecieron en Francia por un año, en el que Laura escribió su novela *La amiga de Mick Jagger*, con la que obtuvo el Premio Internacional de novela Ciudad de Londres, con un jurado integrado por Lisa Jewell, Alice Oseman, Zadie Smith y Naomi Alderman.

SIMONE

> *Nacer es geométricamente imposible. Imagina conocernos.*
> SHIRA YAMAZAKI

Los lunes Simone de Beauvoir se mueve por instinto.
Sus manos son reverencias de gratitud al camino.
El lunes es el tronco del árbol, los jueves son hojas.
Despierta sobre un campo de trigo
de distintas maduraciones.
El Universo es la suma de temperaturas que la materializan.
El invierno es la madrugada del calendario, sus manos
atrapan peces de frío en el aire y los devuelven al estanque.
Jugamos a la cuerda sin extremos
y en vez de quedar lejos, quedamos cerca.
Simone repone estrellas que quema la madrugada.
Y sigue. Un rumor de abejas la dibuja.

Marie Curie

Las flores de Marie
son moléculas, frutas caídas en la divergencia,
híbridos, descendientes,
juncos que presentían que serían balsas,
lágrimas que evolucionaron en gotas de aceite,
ríos que se asoman a la superficie.
Las mariposas de Marie
son dátiles cuando las lobas y no el mar inventan la espuma.
Marie navega en la gota que derrite el glacial,
en los hilos que buscan el telar.
No por la fuerza sino por luz,
Marie escapa de ser solo materia.
Nuestros brazos se estremecen como aletas.
Las palabras de Marie llegaron antes que los cromosomas.
Nunca será olvido.
No siempre entendimos el desierto, pero de sus pasos
aprendimos el infinito.
Por Marie fuimos minutos cuando no se inventaban
los años.
Migramos. Hasta encontrarnos.

INYANGA

La noche se descalza.
Satélites la sobrevuelan monitoreando tu temperatura.
La noche es todo lo capaz de pronunciar la palabra *oscuridad*.
La noche es lo que te queda, lo que no huyó.
Siempre está sumergida, hay canoas que la navegan.
Tu desnudez se autoabastece de aceite,
hoy por poco amanece.
La noche es una oscuridad de termal,
un caudal que desemboca en un albergue,
con heridas del roce de arrecifes.
La noche es mi paladar, segregando los licores que vestiste.
Cada noche es un siglo de segundos.

FRIDA[36]

Frida quiere que la posea el espíritu de un bosque.
Quiere que el flamenco se esparza en su ritmo
hasta el desorden.
Quiere que la estrella comprenda que es, a escala, una vela.
Quiere que la medianoche no sea cerámica sino oleaje.
Quiere que huyendo de ti me derribe una flecha comanche.
Quiere decir solo catorce palabras por día.
Quiere que esta noche el sábado baile hasta convencernos
de que es miércoles.
Quiere que le sirvas un doble.
Quiere que la Eternidad sea provisional.
Quiere que me cremes. Quiere oler a madriguera.
Quiere que me lleves a vivir contigo.
Quiere que uses mi dedo para saber si hay polvo
en tu biblioteca.
Quiere que uses mi lengua para saber si falta
un poquito de pimienta.
Quiere escapar de tu memoria. Quiere aceitunas rellenas
de verano.
Quiere que el acuario rompa el cristal, y regrese al mar.
Quiere el milagro de la multiplicación de los panes
y los delfines del Yangtze.
Quiere un café. Quiere cultivar arroz.
Quiere que vuelques un vaso de tequila sobre este poema,
que simules que fue accidental.
Y que no sepamos qué hacer con el limón y la sal.

---

[36] Este poema motivó al Museo Guggenheim, de Bilbao, a montar la exposición *Las Fridas de Laura*, que tiene tiquetes vendidos hasta el año 2098. Hay muchos compradores que no adquieren sus boletos para sí, sino para sus hijos, nietos, bisnietos y tataranietos. El Museo ha ofrecido un jugoso contrato a Laura, para que escriba un documental titulado *Las matrioskas de Laura*, y se lo está pensando.

Ilanya

Llamamos día a un gesto del Sol
que tal vez no es físico, es solo un pensamiento.
Despertamos en la mente del Sol.
El artefacto llamado *desayuno* organiza los rayos.
El día es aprovechado por las organizaciones financieras
para contar tu dinero en sus bolsillos.
La Nasa cuantifica tu respiración en tanques de hidrógeno.
La industria farmacéutica mide tu colesterol.
Todos te prestan atención.
A mitad del día redes sociales te lanzan el anzuelo,
la carnada es mi desnudez, te acercas, me husmeas,
me rodeas,
me lanzas burbujas, chapoteas.
Alguien te ha hecho creer que este estanque es el mar,
que ese tubo es un río y sus burbujas son olas,
que nadas libre, que me amas.
Una corporación te ha convencido de que soy tuya,
de que correría hacia ti al menos gesto,
y todo eso pasa en un sueño en la mente de la Luna.

UCAROL

No siempre la soprano se casa con el tenor.
No siempre sigue la partitura,
ni contiene dos minutos la respiración bajo la ópera.
A veces desafina. A veces mata al cellista.
Y se dedica a una vida de desenfreno. Mata al violinista,
todavía la prensa no habla de la asesina de la orquesta.
Canta sin ropa íntima. No siempre persigue la partitura.
Mata con el aleluya.
Asesina al flautista. Y ahora se habla de la serie que asesina.
Calienta las cuerdas vocales con marihuana.
No todo lo que brilla es camerata.
La soprano mata al barítono. Nunca la atrapan.
Envenena la batuta, el director muere en el *crescendo*.
Funda un trío. Da serenatas.
Finge ser una heroína de Puccini.
Al tercer día resucita el cellista,
que la alcanza con el botín del concierto en Granada.

Silvya Plath[37]

Los vestidos blancos usan mujeres.
Vestidos con afición al vino, con un mecerse que imita
al trigo,
con una similitud orgánica contigo.
Los vestidos blancos se balancean rodeados de ventanas.
En los Cárpatos queman los vestidos blancos
con brujas adentro.
Un vestido blanco tiñe de amarillo a Silvya
en el Jardín Botánico, como orquídea.
Un vestido blanco es una temperatura,
mitad reojo que presiente la nieve.
Un vestido blanco es un invernadero.
Un vestido blanco es un río en el instante de recibir
un afluente.
Un vestido blanco se llama Sylvia cubierto de niebla.
Eres de la talla de su vestido blanco, ella se pone los vestidos
que me compras.
Sylvia aplancha tu vestido.
Los vestidos que no se desnudan se vuelven cobre.
Soy el espantapájaros que hace señales al horizonte
y tú vestida de blanco no puedes estar más neblina.
Los vestidos se secan en la blancura de Breslavia.
Escampa.

---

[37] La primera versión de este poema permanece inédita, se conocerá en el año 2075, en el que la CIA desclasifique sus archivos secretos sobre Laura. Catorce generales de la Unión Soviética han presentado un recurso de amparo ante la Sala Cuarta para que le quiten la correa al poema y lo liberen.

Anne Sexton

Anne te toca como una egipcia que pone un grano de arena
sobre otro y no presiente que terminará en pirámide.
Anne es más orilla cuando bajas del naufragio y renaces.
Me deja quedarme en su humo. Y me acostumbro.
La libertad deja polen en sus manos. De ahí el colibrí.
No podemos culpar a la célula con cáncer por insistir
en dividirse
por si su otra mitad sobrevive. Al latido le basta saber
que el corazón existe,
a Lisboa le basta presentir que Pessoa existe,
al Himalaya le basta imaginar que tú existes,
a mí no. Eres más lluvia que techo, más abeja que colmena.
Tu trigo no quiere seguir la tradición de madurar,
tostarse, volverse harina y terminar en pan;
quiere explorar desde su propio molino.
Como solo entiende el vino que ama a la uva,
estás en cosecha, estás abriendo un ciclo.

NINA SIMONE

> *Todo lo demás puedes atribuírtelo,*
> *pero cuando llegaste el jazz ya existía.*
> DIEGO ARMANDO HERSHELL

Nina Simone regresa a casa
y comprueba que la mancha de café se convirtió en garza,
y nos sobremesa.
El Universo choca galaxias y los estremecimientos de la casa
son descorches.
Noto que tenemos chimenea hasta que hace frío
y te acercas.
El tiempo no entra, acampa y pasa bajo la puerta
los minutos que tardan los geranios y tú en intuirse.
La casa es una expansión de tu horno de arcilla, un amparo
en tu cordillera.
Su madera iba para barco, por eso remamos.
La casa nació arena, ahora es caracol.
Lo buscamos sin encontrarlo, pero escuchamos su corazón.
La casa es líquida, es nuestra mente. Es un surco.
Un faro y a la vez los barcos.
Mientras duermas la casa es inmoral.
Dormidos la casa congela su cascada.
Decidió ser nuestra como la manera más marítima
de ser pan.
La casa cose.
La casa es el hueso de un animal que sin levantarse
toca estrellas. Llegamos a la cantera de flores.
Al abrazo con ventanas.
Camino descalza y se lencería la cerámica.

MARILYN MONROE

Marilyn comenzó llamándome *cariño*,
como a todo el mundo,
como al vendedor de libros, al primo y al enemigo.
Comencé reponiendo oasis en sus desiertos,
uniendo sus gorriones partidos en dos,
agrandando la fuga por la que maullaba su pantalón,
metiendo canciones en su caracol,
y ella comenzó a escuchar.
Expliqué a sus copos la teoría de la primavera,
seguí soplando su colmena. Ella pensó más allá de abril.
Ella cantó porque iba al grano
y el trigal era su boca.

Isadora Duncan

La brisa aprendió a bailar mirando a Isadora.
LETICIA MARSMALLI

Isadora permanece en la evolución, en la pauta,
en el movimiento.
En el estremecimiento de la papila antes de la gota de limón.
Permanece en el debut de Nureyev.
En la zona meridional del deshielo.
En la danza que rasga el borde de la orquesta,
en la soprano anfibia cuando sale a respirar.
Permanece en el desconcierto del duende
por no ser humano,
en la pulsión de un planeta por desprenderse de la galaxia,
y volar.
En el tatuaje que escarba tu piel buscando su raíz.
En el rayo que disuelve a Nosferatu.
Permanece en las boronas de la mesa
que sacudidas del mantel no caen.
En el *free jazz*.
Y en el domingo que improvisa Pink Floyd
para quedarnos en casa,
con sobras de ayer, con cervezas de mar.

Andrés Briceño

Nacido en Samarkanda, mezcla el poeta con el cantautor. En Poesía ha publicado los libros *El censo de Vespasiano* y *Mi frontera es el río que viene conmigo*. Y ha editado los discos *Se canta lo que se come* y *La biosfera de Alaska*. Su carrera no ha estado exenta de altibajos, como el sonado proceso judicial conocido como "Andrés contra Andrés", en el que a Andrés no le gustó su musicalización de su propio poema *Bruma*, y "Andrés poeta" demandó a "Andrés músico" para evitar su publicación. Briceño contrató dos abogados, uno para el poeta autor de la letra y otro para el músico autor de las notas. El fallo de Juzgado Quinto Civil de Tiblisi favoreció al Andrés poeta, por lo que el Andrés músico debió pagarse ocho mil euros de indemnización a sí mismo, siendo condenado además a cambiar el ritmo, ya la canción no sería un tango, sino una samba, casi un fado, con reminiscencias a Caetano Veloso[38]. Como anécdota, sus abogados, Alicia y Ovidio, terminaron enamorándose y casándose. Su poema *Rodaje*, bautizado por los internautas *Llámalo*, tiene más de ciento doce millones de visitas en YouTube, y lo ha popularizado internacionalmente, al punto que su compañía de discos le ha pedido convertirlo en canción, proyecto en el que trabaja desde esta mañana. Este antologador luchó denodadamente para incluir otros textos menos conocidos de Andrés, pero la presión de los internautas, que llegaron incluso a montar campamentos frente a mi hotel, terminó forzándome a seleccionar *Rodaje*. En otra ocasión será.

---

[38] Un extracto de la sentencia puede leerse en el artículo "No puede quejarse, perdió pero ganó", de Valentín Subiria, Periódico La Bomba, y el texto completo en poderjudicialandréscontraandrésfallo.com

Suite Rodaje (llámalo)

I

Que tu gente hable con mi gente,
que nos arreglen algo Amsterdam,
sin cafeína, ropa casual.
Necesitábamos extraer jazz del whiskey,
entonces inventamos a Coltrane.
Llámalo lujuria.
De haber tenido una hija la habría llamado Andrómeda.
Llegas a calcular que soy un caracol en la madrugada.
Amor, todo es fuga. El té de lluvia es más barato
que el té de jazmín.
Me gustan las floristas que no veré nunca más.
Amo el trompo que no gira.
Llámalo porcelana.
Me quedo en nuestro estudio de grabación casero,
tu eco me pone
un dedo en la boca.
A nadie sorprendo con mi truco de la hoja.
Uso auriculares de hielo. Mezclo colmenas,
crianzas, acoplamientos, nómadas y luciérnagas.
Llámalo ático.

II

Un día diremos que nos faltó tiempo para escuchar
el *Abbey Road*.
El mar conoce la exactitud.
Llámalo revancha.
Respiro intemperie.
Me gusta ese Universo que te presta atención.
Llamamos solsticio de verano
a las ocho horas cincuenta minutos
que transcurren entre tus senos y tu ombligo.
Llámalo Bertolucci.
Esa manifestación masiva de mis ojos en la plaza
protesta porque tu lengua lleva tres días sin salir.
Quemo uvas y escribo la palabra vino con las cenizas.
Vivo en un elefante que navega,
llámalo Dinastía Tang.
Tienes un frasquito de instantes en los que la oruga
se vuelve mariposa
y te pones cada noche una gotita.
Pero somos gente paciente, cuando necesitamos escribir
inventamos a los sumerios y a sus tablillas de arcilla.
Llámalo Lena Olin.

III

Los fantasmas por instantes se materializan en ti,
en una célula, en un dedo, para salir, morderme
y alardear que son reales, para amanecer.
Llámalo cavernet.
El taxista conoce la ruta a la más cercana aceituna con jamón,
al daikirí, al botón que suena tic tac para estallar
antes de que lo toque,
llámalo New York Times.

IV

Un pollo congelado casi nunca ha significado
una cena romántica con velitas.
Nunca tuve veinte años. Busco editorial en San José,
para dar entrevistas sin moverme.
Si los domingos carecen de aburrimiento se vuelven jueves.
El futuro es primitivo,
llámalo queso de cabra holandesa.
Los poemas son túneles, se escuchan los trenes.
Como río nunca comprendí que viajáramos hacia el mar,
yo quiero desembocar en el desierto,
a mí me conoces con el tacto. ¿Me he perdido de algo?
llámalo David Bowie.
Cada vez que caminé hacia el bar de la esquina
terminé en tu boca.
Cada noche es un tráiler del amanecer,
una agencia que ofrece como su mejor atracción
el naufragio del crucero, y que luches por sobrevivir,
llámalo festival de Cannes.

V

> *Yo nunca usaría números romanos para dividir un poema.*
> Ariele Licari

No tengo nada mejor que hacer que fingir que escribo
este poema,
por ejemplo, en el tercer verso
comprar vodka a gente que viste ropa más cara que la mía.
Revelo menos de lo que descubro, llámalo Cohen.
Solo una vez la vida te suelta contracorriente
y te da la oportunidad
de salir de la lata de atún y ser salmón[39].
Llámalo amor.
Se me ha visto celebrar empates como si fueran victorias,
se me ha visto ser así de simple,
y poner bajo el agua la miopía del lince.
Llámalo gin tonic.
La vida es degustación, textura y caricia.
Llámalo cabernet sauvignon.
Con los ojos cerrados el aroma es un resplandor.
Pero creo que ya tuvimos esta conversación.

---

[39] El verso "Salir de la lata de atún y ser salmón" lo usa la empresa chilena ATÚNCITÉMONOS, en su masiva campaña publicitaria, a cambio de seis millones euros. Lo cual le otorga el record Guinness del verso más caro del mundo, y le asegura a Andrés una provisión vitalicia de atún, que comparte generosamente los martes y los jueves con los poetas antologados.

VACUIDAD[40]

> *La intemperie se inventó inmediatamente después de la lluvia.*
> ELSA MARTINELLI

Siento percusión, oleaje, colmena.
Siento Portugal, equinoccio, relámpago.
Siento vilo, burbuja, reojo.
Flamenco, Van Gogh, helecho.
Maullido, pimienta, Paraná.
Verano, suite, jengibre.
Siento rojo, Iguazú, puerto.
Tokio, candela, aurora.
Cohen, gotera, terraza, nueces.
Última fila, margarita, seda.
Berlín, atraque, aceitunas.
Girasol y escabeche.
Y siento intemperie,
por ti.

---

[40] Andrés reconoce en este poema la influencia de la canción "Por", de Luis Alberto Spinetta, contenida en el disco Artaud, 1973, publicado bajo el nombre del grupo Pescado Rabioso. Ambos textos son una escalera de palabras.

NHOVA

El bosque es un coro.
El topo cree en las explicaciones de la ardilla, pero cava.
El veintidós de setiembre arde el equinoccio.
Sigo creyendo que la vida tiene una segunda opinión
sobre la muerte.
El paso del verde al rojo es la vida para el trigo.
El caballo confía en que el mar está detrás de la zanahoria.
Para la *deluxe edition* perdemos peso, alfil, septiembre,
Dublin, niebla;
perdemos lo que amamos, orilla, árbol, plantación
y Cambridge.
Y para reponer perdemos ámbar, óxido y almizcle.
Las siluetas de arcilla que tocas cobran vida
y no vas alardeando de soplos, de diosas, milagros.
De día el topo levanta una casa para la ardilla,
de noche la entierra.
Hemos llegado a sembrar donde la rana salta buscando
un estanque.
Mi droga blanda es el té *darjeeling*.
Solo con mujeres que escuchan a Edith Piaff
consigo escribir.
Bebo masala chai para olvidar. Del brote hasta marchitarse
es la vida para el tulipán.
En los museos de ciencias reproducen colmenas con yeso,
las abejas obreras son de fuego,
las reinas de vidrio, entonces puedes ver su cañal.
Las abejas ignoran que a su recolección llamamos
vuelo nupcial.
Un idioma carcome mi cuerpo, palabra por palabra.
No notas que respiro succionando intemperie.

Fiordo

> *En el techo de tu boca cae una gotera de gin tonic.*
> MALMOOTH ETHERIGE

Este susurro es Noruega.
El invierno pierde al bajista y lo reemplaza con abetos.
Nos tocamos sin rozarnos.
La diferencia es que ella no viaja, emigra,
por lo demás, usamos la misma talla de isla.
Una onda de radio submarina busca frecuencia en la ola
que estalla en tus pies.
La siembra calla, la cosecha canta.
El reloj finge que avanza, finge horas que en realidad
no pasan.
La luz es una instrucción de un astro que ama tu sombra.
La inclinación de tus hombros revela que el Universo
te pesa.
Puede que no conozcas las hormigas, pero el verano
te produce hormigueos.
Un tren se detiene en mi mente. Bajas.
De noche los girasoles huelen a pan.
Un hilo de araña sostiene tu desnudez.
Un jugo de caña abre tu desnudez.
Y entro, es cuando renazco.
El cielo contesta con un relámpago.
No el color, es la actitud quien distingue al trigo del pasto.
Tu respiración distingue ciénaga de tiniebla.
En tu desnudez solo el piano es lo que parece.
Desde la humedad un cometa nos guía a la superficie.
Solo come de mi mano la paloma libre.

Se queman los libros que te faltan por leer.
La lentitud te hace humo. La tormenta viene
a protegernos de la brisa.
Tu desnudez devuelve a la diosa el soplo de arcilla.

VANADIO

Debemos considerar el mercado chino,
digo intentando desviar los flamingos
que cruzan tu Báltico.
Químicamente no tengo fin, ni principio. Solo tengo frío.
Aretha canta el misterio de la multitud hecha uno mirando
por la ventana, sin saltar.
Avanzo y retrocedo porque amo este lugar.
Amo lo que no me das, lo que me abandona.
Amo la mano con la que el fondo recibe la canoa.
Como no hay puertas, abro las manos.
Tu glaciar me entibia.

ARROIOS

No se te nota la princesa,
ni el instinto de conservación, ni lo que pactas para la tregua.
No se te nota la proximidad de la lluvia.
Ni el domingo que los trenes ocasionan en tu promesa.
No se te nota el vacío, ni el derrumbarse de tu techo.
Esto es un barco naufragando me dices y pones en mi mano
un gato con frío.
No se te nota febrero, ni la vela que ilumina mis manos.
No se te nota el olvido, ni la madera que pasa por el fuego
para que me alimentes con ceniza.
No se te nota la ropa. No se te nota la sombra. Ni las ruinas.
No se te nota que me voy quedando en el siglo de tu tarde.
No se nota el pájaro que se posa sobre tu geisha.
No se te nota la esfumación de Nosferatu,
ni las caravanas que abrevan en tu Transilvania.
No se te nota la mordida.
Esto es una rama de menta, dices y pones en mi mano
una mujer que camina sobre sal, que me excava con brisa.

JET LAG

Elijes fucsia. Rumba flamenca. El coro termina el ensayo
y se retira.
Queda la música
desperdigada, esperando se la vengan a comer los pájaros.
Desde que vivimos en un balcón rodeados de valles
y aterrizajes
solo dejamos rastro para los relámpagos.
Cada mañana inauguramos una galería.
El frenesí puede ser gota a gota, latir a ritmo de oruga.
La tarde es un camerino. Y te gusta vestirte a oscuras.
En bodega marinamos las manos.
Despertamos en la punta de lo que pensamos era una cama
y es una tormenta.
Oriente procura no hacer ruido cuando se quema
en una varita de incienso.
Vivimos como amados por un dios que cree
que el saltamontes
es un truco, un trigo que intuyo, una revancha que intuyes.
Flotamos. Dejamos que a lo lejos una mariposa
baje la velocidad,
interprete el cristal como una burbuja que atravesamos.
Los pájaros son remos de tu navegación.
No quedan consecuencias, todo es causa.
Dormimos como quienes lo han visto todo y a la mañana
no recuerdan nada.
¿Qué fue primero, la ranchera o el tequila?[41]

---

[41] La empresa José Cuervo, la mayor productora de tequila en el mundo, ha adquirido por ciento ochenta millones dólares los derechos de este verso, por lo que en las ediciones siguientes de esta Antología ya no figurará.

Vistos de lejos somos dos, de cerca somos un hombre
que viste a una mujer
de capas y capas de desnudez.
Dos copas de mar, y una racha de whiskey rompe la red,
y nos libera.

HAMACA[42]

A veces tu vida hace la mochila y se marcha,
en verano porque no le gusta cargar paraguas.
Se lleva casi todo.
Despierto en noviembre pero la vida se detuvo en agosto.
Remuevo en la olla los sabores de tu sombra.
Con las manchas de tu humedad no calmo mi sed.
Con trocitos de coral reconstruyo la realidad.
Poco a poco la casa se acomoda. Regresa la electricidad.
Lavo tu ropa. Reparo la casa de la gata que se marchó
con tu vida
y le pongo comida por si vuelve.
Vienen tus amigos a ver las ruinas
y disimulo brindando con champán.
Parece que esta vez vas en serio.
Las flores abren en febrero.
Las ventanas no cierran, tienen un pacto con las almendras.
Duermo en hamaca. Vuelve la gata.
Me ladra.

---

[42] El título original de este poema es "Desayuno", pero el autor fue obligado a cambiarlo por una demanda de la Asociación de chefs de Bogotá, que alegan derechos de autor sobre esta comida de la mañana.

PADARIA

> *Con las sobras montamos el deseo de lo que falta.*
> MIKE BRESSON

Amo las sobras del banquete, su movimiento pendular
en el borde
de caigo y no caigo.
Amo las fotos donde la gente simula ser feliz.
Faltan cuatro colisiones de nuestros trenes
para la medianoche.
Amo que lentamente nos hagamos daño por olvidar
nuestro aniversario.
Soy una minoría étnica en tu amor. Respetas mi dialecto,
mi raza,
pero no permites que gobierne mis deseos.
Amo lo que se sostiene frente a la tormenta,
y también amo las ideas
de la tormenta sobre mi reconstrucción.
Amo el trabajo de las estrellas para que el limón, la sal
y el tequila
desciendan a la mesa, como santidades fugadas del paraíso.
El árbol que se cansa de sí mismo
se cansa también del bosque.
Amo el polen que a fuerza de poner piedras sobre sí
se convierte en canción.
La mina de oro no se siente superior a la cantera de piedras:
se trata de sacar la vida para que respire.
Quizá sucede lo mismo con nosotros.
Amo la experimentación de tu resplandor.
Amo mi huella bajo tu pie.
Tus ojos se sumergen para que tu mirada vuele.
Con el pelo que pierdes voy armando un nido,

con el frío que gano vas construyendo un pájaro.
Amo el Sutra de yoga que no consigues hacer.
Amo defenderme por instinto, sumergido.
Amo la suma que haces antes de decirme
*preparemos pasta, anda al jardín por albahaca,
cenemos en casa*[43].

---

[43] La Asociación de agricultores de albahaca de Taras de Cartago, ha adquirido los derechos de esos dos versos, y ahora negocia con Amazon convertirlos en una serie de televisión, titulada "Cenemos en casa".

CRISTY VAN DER LAAT

Nacida en la Ciudad de la Flor de Loto, su madre es la soprano y escenógrafa española Ainhoa Lizarraga y su padre el director de ópera japonés Kuo Wang Nakamura, fundadores de la Compañía de Ópera Zugarramurdi. Aunque vive en Costa Rica visita con frecuencia España, pues colabora en el diseño de las óperas que sus padres montan. Escribe en español y japonés. En Poesía ha publicado *Los meridionales del Monte Fuji*, *Los Pirineos comienzan en el Aeropuerto de Nagasaki* (que contiene su célebre haikú *Mi vida es un puente aéreo*), *El Abukuma desemboca en el Reventazón a medianoche* y *En la frontera entre la tarde y el Oirase*; haciendo un mestizaje cultural muy interesante de la Poesía costarricense con la Oriental. Dirige la Fundación SAN JOSÉ TOKIO, que obtuvo trescientos ochenta millones de euros de la Unión Europea para investigar las alteraciones genéticas en Costa Rica si durante un año la gente desayuna "sushi", acompañado de un pan frito crujiente, hojas de loto, salsa de anguila y de leche de soja[44].

Trabaja en la primera novela escrita completamente con haikus, lo que la convierte en una innovadora, vanguardista y reformadora clásica del género.

Están bajo investigación los rumores de que Basho aprendió a dominar la técnica de los viajes astrales, solo para viajar a su futuro y conocer a Cristy.

Esta colección de haikus se titula *Apenas visibles en el bosque*.

---

[44] Es fundadora de la empresa Universo Bambú, con la que ha patentado más de seis mil objetos de bambú, desde uvas hasta rascacielos. Precursora de la Inteligencia Artificial con la aplicación BAMBUIA, que cotiza en la Bolsa de Nueva York. Miyamoto Ikeito la definió como la poeta que, "donde pone la mirada, pone el haiku".

Desde el bosque
un pájaro escapa
hacia la Luna.

El río rompe
en catorce espumas
su caravana.

Trece silencios
repiten el murmullo
que se eleva.

Hojas caídas
cambian el suelo seco
por la laguna.

Hierba y flores
no escuchan los pájaros
en transparencia.

Raíz de luz
que se hunde en estrellas,
entre su música.

Leña y fuego
nacen de los relámpagos,
de su silencio.

Tres asteroides
son tu naturaleza,
lejana, azul.

De tan pequeño
manto del Universo,
respira, flota.

Catorce órbitas
brillan al señalar
una existencia.

Esta hormiga
condensa el devenir
del Universo.

Lo artificial
cruza un puente hacia
lo verdadero.

El café en granos
no presiente su viaje
hacia la taza.

Catorce olas
borran catorce huellas
en la arena.

El Himalaya
tiene cantos azules
sin pentagrama.

Marzo y mayo
repican separados
otoñalmente.

Un dios de mar
no entiende la sequía
de la arena.

Sin campanarios
la salamandra oye
las campanadas.

El gallinero
no se escucha danzar
pero es canción.

El renacuajo
podría convertirse
en mariposa.

La cacatúa
sube la pesadez
de llevar tilde.

El maquillaje
no sería blancura
sobre la nieve.

Cinco afluentes
entran calladamente
en el Shimanto.

El Monte Fuji
fue alguna vez nieve
en primavera.

Mitad pureza,
el samurai avanza
mitad misterio.

Basho, el árbol,
desprende hojas grises
en la tormenta.

Busón, el bosque,
reúne nueve pinos
y tres perfumes.

Pocas o muchas
las olas no repiten
la misma frase.

Barco de cedro
navega incansable
en la floresta.

La Prehistoria
de Japón se escribe
entre los mares.

La temporada
de lluvia no se acaba
en una lágrima.

La esperanza
de vida de la lluvia
mide una gota.

Abre el bosque,
entran las amapolas,
salen las luces.

Gustavo Solórzano-Alfaro

Es el Alcalde de la Municipalidad de Alajuela por el PAPA (Partido Poético Alajuelense), y es conocido por el Premio Río Limpio de América, otorgado por la Universidad de Oslo, Noruega, por descontaminar el Río Maravilla. La lucha no fue fácil por los vertidos de aguas negras y cloro de las fábricas de su ribera. El alcalde Gustavo se metió, literalmente, a limpiar el río junto a los funcionarios municipales, y desplegó plantas de tratamiento que usan sábila, tomillo y albahaca, consiguiendo en un año limpiar el Maravilla, lo cual fue verificado por Amund Haraldson, Rector de la Universidad de Oslo, que se trasladó a Alajuela y bebió un vaso de agua del río, sin sufrir mareo ni malestar estomacal. No hicieron falta más comprobaciones. Junto a su labor de limpieza ambiental ha desarrollado una importante carrera literaria publicando en Poesía: *La mina de pan*, *Astillero de poemas*, *Humo de sábado*, *Escondidos en el goteo*, *Al ritmo de tu puré de caderas* y *La muchacha que desayuna margaritas*.

  Autor del himno del equipo de futbol Club Pueblo, por el cual la Municipalidad de San Pedro de Poás lo designó "Hijo predilecto", máximo honor en ese Ayuntamiento. Citamos un fragmento del himno: *Hasta que se ponga el sol / buscaremos el marco contrario / hasta que no metamos el gol / para ser los héroes del barrio. / Dicen que el futbol nació en Inglaterra / pero por el amor por la camiseta / verás que nació en Alajuela / en este equipo con sabor a galleta*. Para no ser menos, la Municipalidad de Grecia, natal del poeta, inventó en sesión de cuatro minutos el reconocimiento "Mijito Predilecto" y se lo concedió, produciendo un incómodo silencio entre Municipalidades. Mientras se imprime esta Antología, ambos alcaldes permanecen reunidos buscando solucionar el llamado Incómodo Silencio. Las apuestas están divididas entre optimistas de Poás y los pesimistas de Grecia. Sin embargo se vislumbra una luz con la idea de fundir ambos galardones en uno que se llamaría "Compa Predilecto". Consultado este antologador, he expresado mi entusiasta aprobación[45].

  En Novela ha publicado: *Soplar los dados*, *Fuera de la zona de confort*, y *Dos de azúcar*. En cuento ha publicado el libro *El coleccionista de termos*. En las giras de presentación de esta Antología, los presentadores lo llaman "el poeta rockero", la historia nos juzgará.

---

[45] Esta disputa, que debería quedarse deportiva y leal, ha derivado en rivalidad durante las presentaciones de esta Antología, en las que vecinos de Poás acuden con frijoles blancos y gente de Grecia lleva chicharrones, lo que ocasiona que se nos confunda con una exhibición gastronómica. Los acontecimientos se precipitan. Nunca pasamos hambre. Esta lucha de sabores ha llevado a Gustavo a publicar un libro que mezcla Gastronomía y Poesía, titulado *Tú tan maíz y yo tan camote*, de notable éxito para regalar el 14 de febrero y el 21 de octubre, día de la Gastronomía costarricense.

BOOTLEG

Venimos de un tiempo que se aferra a la aguja
que hiere el surco del vinilo.
PIORTS LATO

Te juro que las tiendas de discos existieron.
Tú tenías el pelo teñido de hostal.
Voy a conocerte en un curso de arte,
tendré las manos mojadas y tú una toalla,
esa será nuestra alineación de estrellas.
Aunque es la primera vez es un reencuentro,
sin vidas pasadas, sin resurrecciones,
el eco de una estatua en el fondo de un parque
cantando de cobre.
Mi cuaderno reaparece después de muchos
garabatos de extravío.
Fred hace las audiciones en un cabaret
para reclutar las dudas que forman la certeza de mirarte.
He perdido la dirección de un apartamento
que están pintando.
Salgo a dar una vuelta,
me dejo llevar por la humedad de los zapatos
de alguien que persigue la lluvia.
Algunos silencios tienen introducciones orquestales.
Tengo la manía de hablar de ti
regresando con la gota que inicia la primavera.
Despierto en una casa de campo
con una radio que nunca repite una canción,
según el mapa estoy allá,
soy ese punto en tu espalda que tus manos
no alcanzan a rascar.

414

Soy el libre número cuatrocientos catorce de esta prisión.
Deambulo entre gente que jura conocerte
a cambio de un rato de ventana.
Construimos una trampa,
la amueblamos confortablemente,
nos aseguramos de que una banda
que se parece a Pink Floyd amenice
cada vez que encendemos la freidora,
cuando pasa el guarda para despertarlo
intentamos escapar.
Me aferro al *podría ser peor*, al *vivo al borde*,
a esperar una ocasión para que las palabras
se batan en duelo y brillen.
He visto mucho cine.
Mi línea de suministro hacia ti está protegida por gente
que se redobla cada viernes.
Las palomas sobrevuelan la prisión como si fueras un domo,
mi compañera de celda habla con un gato de nieve.

6 Minutos y 17 segundos

Me predispongo.
Exterior noche, mi plano, tu secuencia.
Habito el mundo previo a que llegues,
tu demora me fortalece.
Traficas mi páncreas con los traficantes,
pones a prueba el fiasco de mis habilidades.
Cambias mi vestuario con bolsitas de té.
Catorce mil millones de relámpagos caen al año,
uno nos hizo mirar, así nos encontramos.

IKUISUUDESTA[46]

Despierto en una canción de Nightwish,
no esta, la de Tarja,
un letrero indica que faltan catorce kilómetros
para el estribillo.
Entra el solo de guitarra. Es un reino y una Roma
con sus amos y esclavos, están en guerra,
debo tomar partido.
He vivido como amo pero me han tratado como esclavo.
Sus habitantes en un estanque pescan óvulos
y espermatozoides
y se alimentan, a las brasas con aceite y romero.
Tengo hambre, pero no me animo,
casa por casa camiones reparten frío.
La mitad niega, la mitad afirma,
he vivido deteniendo la ola de negación
que se opone entre la flor y el halcón.
Han aprendido a graduar su fragilidad,
los lunes salen de cristal,
los viernes de acero.
Corren a gran velocidad dentro de un despacio.
Tarja no es la reina,
come la mitad de un hongo con sabor a cereza.
Sus habitantes no conocen la canción,
ponen cara de escuchar un secreto.

---

[46] No suscribimos el rumor de que este poema impulsó a los integrantes originales de Nightwish a reunirse en secreto en el Hotel Haukadalur, en Islandia, para componer su disco de regreso, titulado "Géiser", aunque en la contratapa del vinilo figure esta nota: "Gracias, Gustavo, tu poema nos trajo de vuelta, nos veremos en la carretera, daremos un concierto en Costa Rica, y tomaremos café".

Están convencidos de que el final de la canción
es el final de su mundo.
Su modelo de belleza es triangular.
Me dicen que llegarás con el solo de batería,
que pondrás fin a la guerra fundando un tercer bando:
el de los equilibristas en la cuerda de la vida.

Radio hora

Esto huele a martes, dices,
no miro el calendario porque has decidido clasificar los días
por su olor, prefiero creer a tu olfato,
pero es una tarde de octubre,
de un cuarto piso en una calle que lleva
a la página catorce de una novela
que intentas dejar olvidada en un parque,
sin conseguirlo.
En los despachos de la Ciudad Deportiva se habla de ti.
Asumes el riesgo de que la frescura de la mañana
despierte en mí ganas de besarte.
Untas verano al pan.
Buscas convertirte en una costumbre del amanecer,
que tenga que recurrir a ti
para abrir cortinas, ladrar en los perros
o elegir la taza del café por su nube
y no por su color.
Borrón y cuenta nueva.
El martes te huele, gatea y se te pone en bandeja.

BASTARD POP

> *Los poemas evolucionarán hasta convertirse en canciones.*
> Gretchen Mullersen

Confiar en ti consume las mismas calorías
que no confiar en nadie.
La desnudez es un ícono de la moda.
Navegas hacia Lisboa en un sofá de bar.
Mi ropa se aja con tan solo mirarte.
Eclipsar es un verbo que solo deberían usar el sol y la Luna.
Tu secreto es quitarme solo lo que echaré de menos.
Nos echamos al monte,
tu ropa es un cabaret que sirve la oscuridad al doble.
Desatiendo las exportaciones, la inflación, la financiación,
los mercados de capitales, la tasa de cambio y las remesas,
para mantener tibias tus manos.
Los astronautas pasan miles de horas
en un simulador de viajes espaciales,
nosotros pasamos la vida en un simulador del amor,
para darnos cuenta la noche de un miércoles
de que es real. Nadie imagina una Champions sin ti,
vamos a conocernos mejor, susurras
después de que queme las tostadas,
te acercas al río, y dices,
aquí pondremos una ventana.

UKANAKA

Sé que estás en este cine pero está oscuro,
tengo los noventa y seis minutos de la peli para descubrir
cuál de las palomitas en el suelo
se te cayó,
recogerla, sacudirle el polvo, llevarla a mi casa,
servirme un merlot, poner a Coltrane[47],
pulirla, comerla imaginando que la como en tu boca
aderezada con tu saliva,
la palomita es extra mantequilla, eres como te soñé,
no la trago, la recubro de resina
para volverla chicle y mascarla después.
Hoy en el cine pasan la comedia de Guadagnino,
la de los osos,
por si me miras llevaré gabardina,
para facilitarme la cacería de palomitas llevaré un foco.

---

[47] La alusión a Coltrane en este poema ha desatado un intenso debate sobre la "desextinción" o "resurrección biológica" de los músicos de Jazz, poniendo en el centro de la polémica al Salón de la Fama de Chicago, por preservar el ADN de grandes exponentes del género.

REHEGUA

Vivir en un hangar tiene innegables,
siempre sobra comida en los aviones,
los chicles pegados bajo los asientos todavía tienen menta,
las azafatas dejan tampones en los baños,
mis amigos imaginarios se sientan en las alas,
me dejas tu asiento tibio, se agradece,
uno de los guardas se llama Pepe,
y acumulo millas.
Si necesito socializar voy al aeropuerto
y mantengo micro conversaciones con pasajeros con prisa,
atentos más a los altavoces que a mí,
gente que se aferra a sus *vuitton* cuando me acerco,
así se previenen,
en realidad no conozco bien a Pepe.
Llego primero a los accidentes,
algunos pasajeros todavía respiran,
se creen que soy su ángel de la guarda,
los consuelo, les miento,
los llamo incluso por su nombre,
a veces me quedo con un anillo, un reloj, un pasaporte,
una foto de domingo en la mañana. Es la ley del hangar,
y me llevo esos trofeos a la casa.

Suzu Kane

El campanario tiene todas esas campanadas en su cabeza,
como ideas.
El amor también tiene todas esas campanadas en su cabeza,
como agujas,
para hacer sangrar
o para aliviar con acupuntura.
Mi abuela tuvo sexo con un Beatle,
agoniza, no me interesa la herencia
como al enjambre de nietos que asedian su cama,
solo quiero saber con cuál.
Le pregunto, ya no me reconoce,
cree que soy un periodista.
Tiene todas esas campanadas en su cabeza,
como canciones.
Mis primos tienen todas esas campanadas en su cabeza,
como burbujas de *champagne,* de acciones en Wall Street.
Mi abuela me sonríe,
suena *¿Do you want to know a secret?*.
Muere, me deja toda la herencia,
pero se lleva su secreto.

JANIS JOPLIN

> *Revives en una sobredosis de arpa.*
> MICHAELA FORTONS

Un olfato sin gato husmea a Janis,
es la mina de la que extraemos metales
y encontramos una estrella en su bolsillo.
El uno de marzo volverá a morir como loba
escarbando la nieve,
en busca de un submarino hundido en el Lago Forggen
mientras transportaba su amor.
Firmas el retiro de sus pertenencias.
Janis es un destacamento en la frontera.
Ama al mellizo impostor del amor.
Pone lumbre sobre tu pecho, aceite donde duele.
Mastica por placer pero traga por instinto.
Su tarde dura un delirio,
la noche sube a una cuerda para estudiar su equilibrio.
Pone las hormigas sobre las boronas, el vino sobre mi boca,
la cerveza sobre la tuya,
el mantel sobre la hierba que cubre el magma
que ya no nos quema.
Quince rayas sin tigre la persiguen.
Desde un tren sin estación se despide.

Kumiko

> *Todavía, el vuelo 103 no tiene autorización para aterrizar.*
> SAKAI KOSAKA

Cuento los pasos que Kumiko Mukoda
da entre su demasiado tarde
y el cuaderno con el que aprendí a escribir,
a cada paso una hormiga le suplica que la aplaste
y Kumiko se detiene, hace una reverencia y la rodea.
Con las cortinas del hotel que ha robado
planea hacerme un kimono.
Me trae dos horas remojadas en salsa de sésamo.
Ella me enseña a suspender mis frases por la mitad,
para que me reconozcas en lo que no digo.
Ella recoge, yo disperso.
Soy la adaptación de un animé.
Kumiko habla a sorbos, los pone en tazas de café
y los deja en el suelo,
cuando son tantos que no podemos caminar
los libera, vuelan.
Su deseo de certeza
es proporcional a mi deseo de puesta en duda.
Kumiko sostiene un extremo de la cuerda,
yo mastico el otro extremo.
Sueles aceptarme en penumbra,
a plena luz reniegas de mí.
En los hoteles de provincia han pegado este poema
en los espejos de los baños,
por si lo lees
y regresas.

VARTERESSIAN

Amanece.
La mitad de mí está al norte del círculo ártico,
soy los ojos de un mar que no necesita mirar
para saber mi profundidad.
Hoy vengo del fondo,
de donde nunca has llegado,
pongo una sensación de seda en mi piel,
una idea de bordado,
y me aglomero.
He borrado toda secreción que produzca olores,
para que no puedas rastrearme.
La tormenta no se repone de tus huellas.

KAMBA

Nací con una cuerda en la boca[48],
se la oculté a la enfermera,
a veces la masco,
la gente piensa que es chicle.
Mi saliva no la destiñe.
Me la paso de una muela a otra cuando me lavo los dientes.
Hoy sabe a intemperie.
Hago malabares para ocultarla al odontólogo.
Tiene mucha utilidad, con ella no podría ahorcarme.
Es una anguila en el cielo de tu boca.
He desarrollado la habilidad de no morderla
cuando como canelones, a veces es hilo de ortiga,
a veces es hebra de cobre.
Es difícil fingir el desamparo.
De donde vengo la palabra liquen desestabiliza los poemas.
El Mar de Japón es una corrida de toros donde
terminan matando ballenas con banderines y estocadas.
Pero este no soy yo, yo no diría eso
o no lo diría así, ni te lo diría a ti, menos al amanecer.
Ha de ser que la cuerda en mi boca está vibrando.
Las mañanas de los sábados
comienzan a carcomerme y no lo notas,
porque no miras dentro de mi boca.

---

[48] Optamos por la traducción "cuerda", propuesta por el investigador Matsuo Koo, en su artículo "La vida se rompe por el hijo más delgado", Revista Creta, 1961, en detrimento de la traducción "hilo", de la saxofonista sueca Amoia Bentelly, en su artículo "Costa Rica pende de un hilo", podcast "Hablando de las cinco de la tarde", Radio Amberes, marzo del 2023.

Diego Mora

la tesis doctoral de la estudiante Emma Oordinsky, de la que está secretamente enamorado. Ha publicado: *Poemas que pongo en tu mano para que coman las garzas*, *La frontera de cerámica* y *Casa de artesanías*. La tesis de Emma se titula: *La página 53 en veinte novelas ambientadas en la madrugada*, en la que revela que en las veinte novelas en dicha página una pareja hace el amor en un hotel. Un artículo publicado por Diego con consentimiento de Emma en la Revista de Literatura Nicolaíta, originó la "Teoría de la conspiración 53", el artículo se titula *Veinte habitaciones de novela visitadas por Emma Oordinsky*. Citamos dicho artículo: "Emma Oordinsky ha entrado en veinte habitaciones de hotel, pensando que estaban vacías, pero en todas yo la estaba esperando", fragmento que ha despertado las sospechas de Emma. Ambos se han citado hoy en la habitación 53 del hotel Holiday Inn de San José, estrictamente para hablar de la tesis, pero ella se ha puesto lencería negra y el perfume Guilty Intense, de Gucci, y él ha comprado una botella de Taste of Diamonds 2013, la champaña más cara del mundo, de dos millones de dólares la botella. En la segunda edición de esta Antología actualizaremos este encuentro.

De su biografía en el Diccionario Poético Costarricense citamos: "colindo al norte con el Golfo de Nicoya, al oeste con un venado herido que huye, al este con el cazador que lo persigue y al sur con la lluvia". La Editorial Acuario de papel publicó su trilogía gastronómica: *Poemas de arroz a la cumbia*, *Poemas de camarones al coco* y *Poemas de sidra espumante*, de gran éxito en las ferias de Gastronomía de Filipinas, donde es muy conocido por su participación en la serie de televisión "Conexión San José - Manila". Cuando no está filmando en Mindanao imparte en la Universidad Cristóbal Colón el curso Historia de la Gastronomía Poética, origen de un documental que la televisora alemana Deutsche Welle presentó en el Festival de Cine de Locarno, de picante éxito en los inmigrantes turcos[49].

---

[49] Muchos de sus poemas están titulados en idioma Kituba, lo que conduce a la leyenda de su viaje al Congo, en el que conoció a la cineasta Nkosazana Matamba, iniciando una historia que quedó plasmada en cuatro largometrajes de la guionista y directora, y en cuatro libros de poemas y una novela de Diego. De esa relación subsiste la mansión que Diego posee en Gombe, un lujoso residencial en las afueras de Kinshasa.

ESTE ES EL PLAN

Vete a casa, tómate dos ibuprofeno,
cuando te recuperes escribe un poema,
y te recibirán como a un albatros,
te dirán *lo logramos*, te ofrecerán
una ventana nueva,
te darán alas de loba,
sigue como siempre, continúa generando respeto,
que tus superiores te conviden de su almuerzo,
asciende de puesto,
accede a archivos secretos.
Serás su normalidad como nunca fuiste la mía.
Nos veremos de vez en plaza,
una cerveza o un capuchino.
Te acostumbrarás a las comodidades del hogar.
Aprenderás a que las palomas te alimenten
devolviéndote grano a grano
tu generosidad en los parques.
No recibas llamadas, tose con tus manos.
Todo lo que debes hacer es guardar una llave.
La puerta, poco a poco, se va construyendo
en el Himalaya, parecerá una balsa,
pero es la puerta de tu casa.

Qala

La piedra lo fue todo, madre, hermana, amiga, enemiga, confidente, lienzo.
                                                    Aloisius Brennat

La piedra no significa hoy lo que en el Neolítico.
Hoy la arrojas a un agujero negro y la recoges
del otro lado de la galaxia,
en el fondo de mí, donde ni yo bajo y no soy capaz
de mirar a los ojos a los manatíes
que me lanzan burbujas para respirar.
Hoy tu piedra condensa tus frecuencias,
la usas para derribar satélites y vuelve como bumerán
porque eres el único camino de regreso que recuerda.
En el Neolítico te sientas alrededor de una mancha de tigre
y enciendes.
La piedra es tu medidor de calor,
te protege de la evaporación,
la usas para entenderte con el mamut.
Presientes que la piedra te sobrevivirá
absorbiendo arena mucho después de que te marches.
La piedra tiene hermanas expulsadas del volcán,
como tú, expulsada del Paraíso,
¿por el mismo dios?

TEREDAL

Tu amor me tergiversa,
mantiene a flote lo que de mí necesita respirar,
el resto del iceberg lo conserva en tu ártico.
Tu amor me emborrona, me infiltra,
me alimenta con hojas de colmena,
deja salir a la borona de mí que necesita libertad,
y el resto del témpano nada en el fondo,
husmeando esqueletos de ballenas
que amaste tanto como a mí.

KANALUA[50]

La mitad de mis huellas no son mías,
flotan, las aprovechan otros carpinteros sin sombra.
Camino con una bolsa de sal,
nunca sabes cuándo el mar te tenderá una emboscada
y te pedirá peaje.
Nací con la bruma que soplas,
la despejas y vuelve a reunificarse alrededor de un ángel.
Soy un estanque de domingos.
En caso de duda, Pasolini.
Las palabras que no escribo son las que usas para amarme.
A veces la Historia no está en el bando que se levanta
y nos defiende.
Soy la piedra que sostiene al viernes.
Todo nuevo, humo, cara de fuego,
vivo al borde, para quienes aman, flores,
para quienes rezan, cobre.
En caso de duda, Lena Olin.

---

[50] Este poema impulsó al dramaturgo italiano Angelo Bonaventi a escribir el monólogo teatral *En caso de duda, Lena Olin*, con el que la actriz recorre exitosamente teatros de todo el mundo. El mismo Diego tiene un cameo en la obra, entrando al escenario cada noche con un disfraz distinto, en la función de hoy entró disfrazado de Bob Dylan, lo que disparó los rumores e incendió las redes.

TERMO

Salgo del termo con la temperatura que prefieres,
mitad rascacielos, mitad intemperie,
quemar sin fuego, el gran escape de Houdini.
Por un hoy, o por cuatro mañanas,
intenta ser un eco,
no ser el relámpago que vive por el destello,
sino el sonido que sobrevive cuando ya no se recuerda
el trueno.

CRETÁCICO

La poeta triceratops come hojitas,
es de polen su concepción de la vida.
Milita en el herbivurismo, no busca problemas
ni vota en las asambleas para elegir alcalde al brontosaurio.
Pero si la manada de tiranosaurios interrumpe su siesta,
pisa sus margaritas
y ensucia su eclipse,
en plena persecución se voltea
y con el mazo de púas de su cola
revienta a dos,
mira al resto,
que súbitamente recuerdan que a esa hora
tienen una reunión del comité de jardinería y ornato.

Chukcha

Encuentro una prestobarba usada en la avenida,
no sé si los pelitos son púbicos o de axila,
contigo nunca se sabe.

BOLONGAN

¿Qué puedo llegar a saber de mí si me acerco?
Te agradezco que no intentaras detener mi deterioro
al conocernos,
que no me previnieras del hoyo,
que me dejaras caer,
que no me lanzaras una cuerda, ni una linterna,
eso sí, montaste una tienda alrededor,
acampaste y esperaste.
Me leías *La anomalía*, de Hervé Le Tellier[51]
para dormir.
Estábamos juntos, tú, el hoyo y yo.
Nunca pude salir, pero el hoyo ha salido de mí
y volvemos a caminar.
El hoyo es mi parte favorita de ti.
Lanzas una moneda para calcular mi profundidad,
si no la escuchas
es que tengo fondos que todavía no conoces,
de ahí viene este poema.

---

[51] El propio Hervé Le Tellier ha confirmado que está trabajando junto a Diego en el guion que llevará su novela a convertirse en una serie de televisión, en la plataforma Amazon. Jeff Bezos ha ofrecido la dirección de la serie a la cineasta congoleña Nkosazana Matamba, desatando una lluvia de rumores sobre una reconciliación.

Dinisa

Te recuerdo traduciendo a las piedras las palabras del fuego.
Nicole Ambralar

Recupero mi memoria muscular,
desarrollo el sentido de las estaciones,
enmascaro mi vulnerabilidad,
entro a un minuto y me doy cuenta
de que por dentro es espacioso, dura más de sesenta,
tiene paredes donde puedes colgar las pieles
de las serpientes que vienen a desovar a tu casa,
no doy por muertos a los fantasmas,
repongo las bombillas quemadas,
y voy hablando por ti en centros de abastecimiento,
donde regalan cuatro si robas tres.

UMUSI

La razón de cerrar la puerta es la esperanza de abrirla.
Llevo un termo de poemas.
Sírveme otro Gin Logic[52].
Lo difícil es convencer a la herida
de que permanezca abierta,
de que derrote la regeneración de la piel,
la reconstrucción del tejido,
y que sangre, que razone,
que me aguante hasta la medalla de bronce.
Invento religiones para convencerte de la Eternidad,
y tú amas esas civilizaciones que desaparecen
sin dejar rastro, y tú eres el rastro.
Mi cerebro gotea estaño,
ya ni te asusta,
diferencias el olvido de la garúa,
antes de que maten el toro
lo levantas con un globo
y lo salvas.

---

[52] La compañía Tanqueray, mayor fabricante mundial de la marca Gin Logic, ha prevenido a nuestra editorial, a través del Tribunal Superior Civil de Heredia, para que suprimamos este verso, por supuesta violación a su propiedad intelectual. En la disputa hay trescientos millones de dólares. De momento, para esta edición, valientemente hemos mantenido el verso. Los acontecimientos se precipitan. Si durante el tour de presentaciones de esta Antología la policía irrumpe con violencia, decomisa los ejemplares y nos lleva a todos a la cárcel, iremos con la frente en alto, y pediremos gin tonic para el desayuno.

LUKUMU

Me reparto,
espero una encomienda.
A veces, para despertarla, traigo águilas
que picoteen mi libertad.
El día tiene su cumbre y su barranco.
De camino encuentro un árbol
en medio de la acera,
no sé si vive ahí
o llega un minuto antes de que yo pase,
me trae un mensaje,
siempre espero que me de paso,
que se mueva.
Mi espera es proporcional a su empecinamiento.
Me instalo en la noche,
no domino sus tormentas
pero tengo trato con los grillos que la alertan.
El árbol piensa lo mismo,
que le cierro el paso,
cree que le traigo un mensaje,
esta mañana se deshojó para mí,
en reciprocidad me desnudé
y lo cubrí con una manta.
Caminamos juntos, yo con mi velocidad de molino,
él con su velocidad de musgo.

MAWETE

Caes por tu peso, o te sostienes por tu levedad.
ANTÓN RESNICK

Calculas mi levedad,
el impacto de los colores,
la franja que he de cruzar para reconocerme,
la distancia entre orilla y hombro,
y no te salgo en tus cuentas.
Calculas cuánto duraría un abeto en atravesarme,
en salir por mi boca
convertido en remo, estante, silla,
en cualquier herramienta que te demuestre
que puedo resistir el fuego.
Calculas cuántas montañas debo subir
para descifrar el norte,
necesitas niebla para alimentar mis halcones,
no te salgo en la suma,
me pierdo en palabras de tres letras,
cuando crees que me tienes en una cifra
me vuelvo humo de gata, violín sin huellas.

LITIO

Vivo en una referencia cinematográfica,
en un plano de Godard.
Vivo a la vuelta,
frente la estación de niebla.
Vivo en su hipnosis,
en el relámpago que te tilda.
Te parezco exacto,
pero me desmareo,
me desbordo,
vivo en la borona del banquete que las hormigas
se dan con el oso.
Yo arranqué la página catorce,
para que no descubras al asesino,
vivo en el bar donde impactará el meteorito.
Los auriculares me protegen de la lluvia.
Vivo en el blindaje de las abejas,
pongo litio al cereal,
no te lo tomes personal.

MICK[53]

Una señora se maquilla en el bus,
se le cae una pestaña, se la junto,
me dice que gracias, pero que me la puedo quedar
porque le parezco que no he desayunado,
me sugiere filete de pestaña,
pero soy vegana.
La pestaña se llama Mick y está harta del maquillaje,
hoy beige, mañana encrespador.
Pongo una correa a Mick y bajo del bus,
orina.
Mick huele a tabaco,
son muchos años.
He pensado en integrarla a mi ojo izquierdo,
el que guiño,
sería un injerto.
Mick poco a poco se afianza,
come alimento de gato,
de vez en cuando caza algún pestañeo,
tiene su pecera,
lo único que extraña son las fiestas de su antigua dueña.

---

[53] El crítico y ex futbolista italiano Antonio Cassano encuentra una inevitable relación entre esta pestaña y las lagartljas de *Casaca roja*, canción de Franco Battiato: *Las lagartijas que cruzan la calle van veloces y yo, despacio para evitarlas.*

Nungaka

Paso
de la cacería a la recolección,
me desprendo del acecho, la mordedura,
la fuga,
paso de beber el último aliento de la presa en mis manos
a las semillas, las cestas
y a medir la vida en porciones que caben en la palma
de mis ojos.
He quitado mi inicial de los búfalos y venados que tenía
en la mira.
Es en este tránsito que me conoces, cazadora,
hueles a chillido, a trampa, a monte,
a hojarasca cubriendo un agujero.
Me cubres de ungüento,
quieres que huela a montaña,
pero yo huelo a ciudad,
voy de un parque a otro
instalando radares,
que a mi manera también son trampas,
de estrellas.

TSURGITE[54]

Desnuda te defiendes mejor que blindada.
Desnuda irradias el celo de las estrellas.
No escatimas en oleajes.
Me rodeas sin moverte. Y si te mueves humeas el aire.
Desnuda no haces prisioneros,
no aceptas la rendición de la ciudad que soy, tengo que caer.
Desnuda no se te distingue la superficie de la raíz.
Regresas al origen,
eres ventanales, la escuela escapa de ti,
tus huellas son alpiste.
No tienes sombra, chorreas *bossa-nova*. Desnuda tienes
troncos flotando a los que aferrarme.
Chispa sin letras.
No se te mira, se te vislumbra. No cabes en ninguna cifra.
Eres un montoncito de recortes
de mis revistas de adolescente.
Los seres que emanas son de continuo deshojarse.
Te hueles. Desnuda me conformo con mi probabilidad.
Tu boca me tapa la mano. Desnuda el bar no cierra.
Flotas en tu agua de quinoa.
Un relámpago hila tu seda hasta que la transparencia
se vuelve capullo.
Iluminas una cantera de yerbabuena.
Desnuda tu carpintería japonesa une

---

[54] A pesar de la cancelación que hemos sufrido, mantenemos la traducción "desnuda", en vez de la versión "desvestida", del bartender y biólogo marino Carlo Antonacci, en su ensayo *La desnudez en la Poesía tropical*", Editorial Toca El Timbre y Corre, Montreal, 2024.

maderos sin clavos hasta levantar una gruta.
Desnuda al cañaveral en punto, la casa se estremece
al paso de tu zafra.

Angélica Murillo

Es fundadora y CEO del Instituto de ADN poético, con el que se ha embarcado en el sorprendente proyecto de buscar, cuantificar y categorizar el ADN de los poetas, así como otros proyectos establecieron el genoma de los neandertales. Su objetivo es la categorización genética de los poetas como especie que convive con el homo sapiens en el planeta. Los poetas de esta Antología se sometieron a pruebas en su Laboratorio en Estocolmo, con resultado positivo: todos ostentan ADN poético.

En Poesía, Angélica ha publicado los libros *Maginot*, *Soy una promesa que ama incumplir* y *Turquesa es el ámbar de los ángeles*; en novela ha publicado *Pensar como yo perjudica tu salud* y *Nadie besa como Batman;* y en cuento el libro *Te diría la verdad pero prefiero verte feliz*.

Su entorno filtra a la prensa que no se ha recuperado de su ruptura con Andrés Calamaro, después de todo, el romance duró sesenta y seis canciones. Quienes la conocen hacen lo posible.

Con su libro *Maginot* obtuvo el Premio Internacional Ciudad de Lodz, y fue traducido al polaco por Kasia Kaminski. Su novela *Nadie besa como Batman* resultó ganadora del Premio Internacional de Novela Ciudad de Helsinski.

Es dueña del canal de televisión TV PASSION, en el que produce telenovelas y documentales turcos sobre la pasión como fuerza capaz de cambiar el planeta. Dirige el *reality poetic* CONQUÍSTAME CON UN POEMA, en el que poetas de todo el mundo leen sus poemas a desconocidos en las calles, trenes, buses, mercados y parques buscando crear el momento mágico de la conquista y seducción. El poeta ganador recibe diez millones de dólares[55].

---

[55] Una poeta que figura en esta Antología, Nidia Marina González Vásquez, ganó la reciente versión de ese *reality show*, al leerle un poema al que una semana después sería su esposo. Los diez millones de dólares los ha invertido en la Bolsa de Nueva York, en la que se ha revelado como una sagaz *broker*. Angélica dirige las compras de acciones, recientemente se han hecho con el 51% de la Coca Cola. Y han fundado una editorial a la que han llamado Poesía Capuchino, la disputa legal con nuestra editorial por el uso de este nombre apenas comienza. Los acontecimientos se precipitan.

Maginot

> *Los franceses levantaron una muralla*
> *para impedir que el agua descubriera la sed.*
> Sandrine Bonnavaire

El frío es mi documento.
Cuando escribo sobre el frío se pliega.
De noche guardo los zapatos en la refrigeradora.
El frío me ayuda a llevar una doble vida.
El frío es mi iglesia, mis rezos tiritan.
El frío está por caer.
El frío es mi Línea Maginot y estoy rodeada de alemanes.
Presa y cazador en el mismo acecho.
Se lleva bien con todos,
hasta con mi fuego.

MARCAR CON X[56]

( ) Tu media izquierda está rota.
( ) Tu media derecha está rota.
( ) Ambas medias están rotas.
( ) En la oscuridad de los zapatos tus pies no distinguen el color de tus medias.
( ) No recuerdas el color de tus medias.
( ) Tus medias pertenecieron a alguien de mediana estatura.
( ) Cambiarías tus medias por un número de lotería.
( ) Tu media izquierda es azul.
( ) Tu media derecha es amarilla.
( ) Cuando te quitas las medias las hueles.
( ) Haces el amor con las medias puestas.
( ) Tus medias son de algodón.
( ) Tus medias son de trigo.
( ) Tus medias están mojadas.
( ) Tus medias son de plástico.
( ) Tus medias regeneran solas el tejido de sus agujeros.
( ) Tus medias, no tus zapatos, dejan huella.
( ) Todas las anteriores.
( ) Ninguna de las anteriores.
( ) Si se exprimen tus medias emanan café.
( ) En tus medias guardas tus sueños.
( ) Tu media izquierda olvida caminar.
( ) Tus medias tienen complejo de botas.

---

[56] El manual de instrucciones de este poema, adjunto en esta Antología como anexo, indica que los lectores pueden marcar solo tres opciones, marcar más los expone a alteraciones sensoriales, a viajes en el tiempo, a poder leer la mente de personas que han fallecido, y a conocer al gran amor de sus vidas. Ustedes verán.

SÁBADO

> *Originalmente la semana no contenía el sábado,*
> *es un invento de los druidas.*
> ATTAVINE BLENSCOTT

El sábado arranca sin ti,
que todavía duermes en un camarote del jueves,
los trenes no esperan.
El sábado va a noventa golondrinas por minuto,
solo se ralentiza cuando una taza de café
hace señales para subir,
y cuando un pescador hace señales para bajar.
El sábado disimula su desintegración
en camiones que descargan fruta. Despiertas.
Miras el sábado desprenderse de mí,
ya no me necesita para velar tu sueño remotamente.
Te propones alcanzarlo, interceptarlo y caerle a las 8:14
en paracaídas.
Cuentas conmigo para guiar las coordenadas,
8:12, inicias el descenso, brisa leve,
las noventa golondrinas te chocan,
no te quieren en el sábado, vas a tener que caer sobre mí,
que planeo pasta con parmesano.
No es fácil, tradicionalmente los fabricantes
de queso italiano
disfrutan de cierta animadversión hacia ti,
no soportan tu pasteurización natural mientras me miras
agregar albahaca.
Todo comenzó un viernes, en tu camarote en el Titanic.

CROISSANT

Despierto entre tú y un *croissant*,
no se cómo ha venido a parar aquí el *croissant*
pero yo sí,
a través de un viaje interestelar,
masticamos un patito de madera,
yo la cola y tú la cabeza,
es nuestra protesta contra la tala de ballenas
en ese bosque que llamamos mar
por confundir olas con ramas.
Antes de encenderlo le pides al carbón
que humee,
que se concentre, cierre sus ojos
y sople, se evapore,
¿la razón? Solo tú la conoces,
es un vuelo de halcón que muy dentro de ti
se ha hundido como un bloque.

TOENGA

Como sobras, no lo puedo controlar,
es revolcarse en el amanecer
para mancharse de sombras, no de luz.
El primer bocado convierte el resto de tu plato en sobras.
Las abejas me sacan rendimiento, el muro, no el musgo,
define la demora.
El sol te plantea un mapa, disientes o te acoplas,
las fogatas se sientan a tu alrededor para aprender
de tu manera de brillar,
de esa águila que observa cómo te comportas.
Me doy banquetes de sobras,
lo dice mi tarjeta de presentación.
Tenedor y cuchara están sobre valorados,
como con martillo, destornillador, alicates.
Desayuno por las tardes, con los ojos cerrados,
eso tienen las sobras, no entienden de fases,
pasan de la nieve a la leche en polvo de un golpe,
vienen de restaurantes del sur de Londres.
No he conseguido afiliarte, todavía te sientas
y ordenas con el menú,
mientras, en el callejón, Kulusevski el chico que lava platos
me pasa mi bolsa,
caminamos a casa, mi semblante es inmejorable,
estas son las rayas de gol que hacen que me ames.

MURES

Improviso una perra que te ama, un polen que encuentra
eco en tu alma[57],
un alumbramiento de señales de humo.
Improviso una órbita sin cometa, para que escojas el mineral
de tu fusión.
Un epicentro, una turbulencia.
Sostenemos una cuerda, el otro extremo lo sostiene la lluvia.
Con una arqueología de cucharitas desentierro tu amuleto,
huele a colibrí.
En un Universo de nidos somos una canción.
Mientras duermes te sacan a subasta, me alcanza,
pero te perdería si te compro. Entonces ahorro.
Una canción rumana saca una botella del mar
con un cigarro encendido,
lo fumas. La lancé antes de que nacieras.
Vendados tocamos estrellas y luciérnagas
sin notar diferencia.
Se trata de volver a beber del mismo pozo.
Ven, que se nos escuche untar amor a las fieras.

---

[57] Nammu, la perra de Angélica, trabaja como doble de acción en Hollywood, ha trabajado en *Amores perros*, *Perros de reserva*, *Tarde de perros*, *Socios y sabuesos* y *Colmillo blanco*; además ha prestado sus ladridos a películas animadas, como *Todos los perros van al cielo*, *La noche de las narices frías* y *La vida secreta de sus mascotas*. Actualmente dirige el cortometraje *Pulga más, pulga menos*.

Colibríes

Los hombres viven en un dios,
las mujeres viven en una diosa,
las diosas viven en una mujer,
los dioses viven en un hombre,
como colibríes polinizando su sombra.
Después de visitar el Museo de Mariposas
y verlas clavadas con agujas, los dioses
no quieren la metamorfosis,
ellos ya vuelan en sus urnas.
Sumar un dios a nuestro bando nos hace sentir superiores,
nadie nos vencerá,
nuestra sangre es de cobre.
Pero mis dioses no pueden infiltrarte,
no necesitas sus perdones,
ni comes sus sobras,
vuelven con el rabo entre las piernas de mi loba.
Mis dioses son quince,
y tú eres libre.

ÁNGELES VASALLOS[58]

Te recuerdo de cierto modo, propio de tu oficio.
Salgo a conseguir caballitos de mar para mi hipódromo
de piezas Lego.
Imitas la voz del piloto cuando trata de tranquilizarme
en la turbulencia
y me convenzo de que caeré al mar.
La azafata que me pone la mano en el hombro
podría ser yo de no ser por el mediodía.
Necesito toparme contigo
para usar la palabra refugio.
Me apoyo en el frío, como una baranda.
En tus ojos predomina la madera.
Me resisto a la invasión de tus hábitos.
¿A qué suena la transmigración de los ángeles?
¿Cuál es el susurro, el rumor de su viaje?
¿Campanadas, catarata, oleaje, jazz?
El olor de una gota de sudor de baile
es distinto al de una gota de gimnasio.
Esta mañana encontramos un embarcadero en la sala,
no sabemos si la casa nos dice que es tiempo de marcharnos,
o de prepararnos para la llegada de los náufragos.

---

[58] Este poema es la sinopsis de la tercera novela (aún inédita) de Angélica que, con el mismo título, tiene 2814 páginas, y es el Tomo I.

Castores

Vienes en el subtexto,
no enteramente, aproximadamente de beige.
Ese humo sale de un club nudista convertido en cabaret
que se convirtió en tu casa[59].
Hay tres tipos de adversario, tú los condensas.
Guardas una bandada de garzas en una cajita
y la entierras creyendo que la Tierra es hueca
y encontrarán otro cielo sin sol.
Me das la señal que la manzana al verano de que comienza
su maduración.
Se derrumba un puente,
que el río esté infestado de castores es una suerte.
De los ladrillos del puente solo uno sabe sostener,
el resto son imitadores, abres un canal,
tu mano me lleva del centro al borde.
Las doscientas etnias de Sudán descubrieron
que el Nilo nace de un copo de algodón,
hoy los Binka y los Otuho tejen juntos.
Reanudas. La lluvia borra lo que amas,
ese humo que enciende el horizonte es una grulla,
un toyota de alquiler cruza el puente.

---

[59] En el año 2062, durante la excavación de los cimientos para construir una catedral, se descubrió, en la capa arqueológica inferior, la casa de la autora; en la siguiente capa, un cabaret; y en la base, un club nudista. Hoy los turistas se hacen fotos en el costado norte de la catedral, junto a la placa: AQUÍ VIVIÓ Y ESCRIBIÓ ANGÉLICA MURILLO.

Namaluvanje

> *Cada día el sol disminuye la cuota de rayos que envía para ti,*
> *porque crece tu claridad interior.*
> LUDMILA KRAGMENDER

Soy doce kilos menos yo,
menos cobre, menos noche, menos Universo.
Soy doce vacíos menos pregunta,
doce temperaturas menos frío,
no sé cuantas carreteras menos un perro que cruza la calle,
un grano de café al que le hubiera encantado
ser una bolsita de té de jazmín,
por el aroma,
por las hormigas que husmean y se suben a tu mano
para parecer una osa.
Soy doce soles menos casa,
doce grillos menos tirando de tu manga,
seis vodkas menos el fantasma en la barra.
Te ha parecido que soy ocho películas menos
un río que se evapora.
Soy las siete y media antes que de costumbre.
El pigmento no sabe si va para techo beige
o para rojo pinta uñas.
Soy nueve árboles menos sendero,
no retengo tus huellas,
viene la lluvia y se las lleva .
Soy doce buñuelos menos tu desayuno,
no tienes porqué salir con este clima,
soy doce paraguas menos tu lluvia,
menos huellas de gaviotas que siguen tu rastro de humo.

LUDOWYK[60]

Edith Ludowyk ya no existe pero hoy podría llegar descalza.
Le darías el vino que guardamos para ocasiones.
Despertarías en amarillo. Afilarías el colmillo
con el que planeaste morderme
pero se han ido convirtiendo los veranos en domingos.
Fuimos lo que un demonio puede robar.
Transportada en el estómago de los pájaros
Edith llega con la migración. Quema. Desvanece.
Con tres piedritas de lunes construye un viernes.
Era como tú a tu edad. No quise besar tus pies
como un temporal.
Somos las huellas que un dios escarbó en la arena.
Repaso tu acueducto:
cada gota cae desde tres cigarrillos de alto.
Repaso tu humo. El fuego recuerda lo quemado
desde el primer árbol
hasta tu amor.
Edith recorta un naufragio a la medida de nuestras manos.
Parece que le perdimos el gusto a sobrevivir.
Desde este balcón en Luna llena
distinguimos esa gente que no se da cuenta que es feliz.
Eras casi la vida entera. Para completarla nos hacía falta
comprender las estrellas.
Me llega tu amatista en aromas desde el patio.
Eras cuarzo.

---

[60] Con su porcentaje de regalías obtenidas con este poema, treinta y dos millones de dólares, los herederos de Edith Ludowyk han constituido en París la Fundación que lleva su nombre, dedicada a socorrer a los perritos de la calle.

Jorge Arturo Mora

Sus poemas son grafitis escritos en muros, parques y plazas públicas. "Jorge Arturo" es su seudónimo, pues se desconoce su identidad; no tiene libros publicados, sus páginas son las calles. La web belga grafitis.com ha registrado, fotografiado y clasificado 1952 textos callejeros suyos en Noruega, España, Portugal, Italia, Varsovia y otros treinta y nueve países. Según el Instituto Noruego de Investigación de Grafitis, por primera vez este género es incluido en una Antología. No pudimos obtener su consentimiento, por lo que incluirlo es también una intervención en un espacio. Contando su historia, Netflix realizó *El grafitero de las manos de abeja*, que recibió el León de Oro al mejor documental en el Festival de Venecia. Ha sido llamado el "Banski costarricense" porque hay controversia sobre su identidad[61]. Grafitis suyos han sido usados por partidos políticos, el Gobierno y campañas de publicidad, sin que haya reacción de su autor. Los rumores de que detrás de Jorge Arturo esté Brad Pitt han sido desmentidos con vehemencia. Se ha popularizado sobre todo entre los jóvenes la frase "no comas nada que no quepa en un poema de Jorge Arturo". Su famoso "Ya es viernes en mi corazón izquierdo" ha sido usado por la marca francesa de sujetadores "Paire d'elles" (Par de ellas) en una masiva campaña de publicidad. Esta colección de grafitis se titula *Comida para pájaros*.

---

[61] Sus grafitis han sido arrancados de lugares públicos y subastados en Nueva York, Londres, París, Bruselas, Madrid y Pital de San Carlos. Se han convertido en un negocio millonario, Barack Obama adquirió por noventa millones de dólares, en una subasta de Sotheby's, este: "Lo que el relámpago piensa de ti es cierto", por lo que no pudimos incluirlo. Y Oprah Winfrey compró por ciento diez millones de dólares, en una subasta en Christie's, este: "Las aceitunas no son uvas equivocadas", como podrán imaginarse, nos vimos obligados a excluirlo.

En la oscuridad
el gato deja huellas de escorpión.

        En tiempo de Inteligencia Artificial
        pregunto por ti a Wikipedia,
        tienes ese vintage.

        La palabra sedentario tiene raíces,
        la palabra nómada tiene caminos.

        El río no decide dónde le construimos un puente,
        solo elige el color de la tormenta que lo derrumbará.

En un monólogo alguien pone la mitad
de un diálogo.

        Nos gusta la palabra profundidad,
        nos tranquiliza,
        quizá porque no escuchamos a quien grita desde ahí.

        El control de calidad nació en Sumeria.
        Se extendió por el mundo
        y poco a poco todavía no llega a la Poesía.

Hoy todo nos saldrá a pedir de foca.

Tatuarse es querer expresar lo mismo cada día,
el resto de tu vida.

Ponemos palabras en una taza, agitamos,
¿la taza se convierte en un poema?

Lo más parecido a un poeta escribiendo un poema
es un niño robando un juguete.

Escribir un poema es sacar el aceite de la aceituna sin tocarla.

Si consigues que unas palabras bailen
una coreografía tienes un poema.

No importa el color del gato,
lo importante es que cace poemas.

Que el poema sin escribir sea invisible no significa que no exista.

La Poesía es un secreto que nos empeñamos
poema a poema en revelar.
¿O en ocultar?

No corras con el poema en tu mano, no es una granada,
pero puede explotar.

        Todavía no distingues el poema que
        te encubre del que te delata.

El poema tiene la responsabilidad de crear
ramas de palabras,
para los pájaros que se quedaron sin dónde posarse.

        Voy a esperar a que el jazz termine de tenderte
        en la cama.

El fuego demora en entender que el brillo se le vuelve ceniza.

        Tu sensación de que el relámpago
        tiene poco tiempo es falsa,
        tiene el firmamento.

Puedes ser el valle donde el desierto viene a irrigarse.

        Voy a tomarme un baño sabático.

Lo que amanece es lo que se sale del control de la noche.

        El mundo tiene todo disponible, pero no siempre
        al alcance de la mano.

Vivir ha de ser más que no colisionar
con los muebles.

Cuando la abres lo primero que hace la jaula es volar.

El Big Bang duró un instante que se repite
en el girasol que se abre.

Desayunan zafiro, almuerzan amatista, cenan diamante.
De postre marfil. Mueren de hambre.

Es fácil confundir lo último que muere
con lo primero que nace.

Si observas sus ramificaciones verás
que la conspiración del Universo
es a tu favor.

La termita mira al roble. Se relame.

El amanecer nos desmiente: no somos oscuridad.

Los poemas son grietas por las que manamos.

Los poemas son oraciones sin dioses.

A veces te suena bonito, te baila en la mano,
    y crees que es Poesía.

        Un huracán es una avalancha de brisas.

Quienes se desvanecen aman la lentitud, no les gusta
    desaparecer de repente.

Hay quienes comen alpiste esperando volar.

La neutralidad es un hotel que se deshace si lo tocas,
no te alojes.

El poema revela esa silueta que disimula
    lo que quieres ocultar.

        Hay quien cree que escribir poemas
            es apuntar placas en una libreta.

De las millones de palabras que te habitan unas pocas
salen a lo largo de tu vida.

    Tus gruñidos internos no saben que al salir se convertirán
        en palabras.

Si no estás consciente de tus fronteras no las romperás.

Creer en los dioses antiguos, ¿los resucita?

¿Cómo pude superar mi pubertad poética sin ti?

Los poetas observan y escriben informes.

Cuando dices que te llevarás los secretos
hasta la tumba, ¿te refieres a la mía?

No todos mueren cuando les toca, hay gente que nace antes.

Si eres dos, aún amándote plenamente solo te amo la mitad.

Si mientes y te amo, amo tu mentira.

Todo se reduce a poner las servilletas
sobre las manchas correctas.

La plaga de silencio llegó calladamente.

La Vida tiene una fila para todo, para nacer, para morir.

Si la Eternidad está formada por instantes,
vives cada instante como un trozo de infinito.

Para contemplar el río tienes que convertir tus ojos
              en afluentes.

            Hay quienes por comprar un buldog francés
            comienzan a orinar sauvignon cabernet.

La muda de piel de las serpientes,
¿es un acto de sabiduría que no hemos comprendido?

            Como no tenemos un sol en el pecho
            nuestra alma es oscura.

El camarón no piensa que nace para que le claves un tenedor.

Lo importante no es tener razón,
es que no puedan demostrar que estás equivocado.

                Los animales que no hemos descubierto
                no tienen nombre, se creen poemas.

Es un presentimiento lo que hace saltar al saltamontes.

Probablemente se nos pase la vida sin disecar
           ningún animal,
entonces escribimos poemas

           No notamos que el Universo se despliega
                     intentando tocarnos.

Desayuno, café y sandía. Almuerzo, lechuga y campamento.
Cena, ron y jazz.

Si estás en un extremo de la cuerda esperas
           que el otro extremo
sea una mano que imagina un abrazo.

     Hay quien le habla al grifo para que lo escuche el mar.

La desventaja es que al fondo a la derecha amanece.

     La ventaja es que en el estribillo tú bautizas el rompope
           con ron.

La pirámide no es la suma de sus piedras como la vida
           no es la suma de sus miércoles.

Quebrar una ley permite al poeta que la palabra gato
pueda significar sol o mar.

                              No es necesario que sea real,
                              basta con que sea invisible.

No es necesario que sea real,
basta con que lo puedas imaginar.

                              No es necesario que sea real,
                              basta con que no sea un espejismo.

No es necesario que sea real,
basta con que pueda hablarte.

                              No es necesario que sea real,
                              basta con que sea una sensación.

No es necesario que sea real,
basta con que lo puedas sentir.

                              No es necesario que sea real,
                              basta con que te reconozca.

Nidia Marina
González Vásquez

Reside en Italia con su esposo Eduardo "Torpedo" Bresitto, goleador de la Juventus, con sus hijos Matti y Leo. La Universidad de Salamanca, donde imparte Literatura Noruega del Siglo XII, le publicó los libros de Poesía: *Todos los noviembres tienen un 23 de abril*, *La comarca donde no sabes mi nombre*, *La medianoche de la sidra* y *Techos de intemperie*. En Italia, es la exitosa presentadora del Telegiornale 1, de la RAI, y son populares sus videos en redes sociales, en los que intercala palabras en español, dejando a millones de italianos sin comprender la noticia, pero a carcajadas. Su marido encabeza la clasificación de los goleadores con 28 goles en 24 partidos, y suena como el próximo fichaje del Deportivo Palmares, en una operación que implicaría el traspaso de tres jugadores del Palmares a la Juve y doscientos millones de euros. Nidia preside la Fundación para la Conservación de la Ardilla Roja, que ha recibido noventa millones de euros de la Unión Europea, aunque dicha ave no está en peligro de extinción[62]. En novela ha publicado *La vecina de la estrella roja*, *Devuélveme febrero* y *Yo que tú*.

---

[62] En Italia ha destacado como *paroliere*, letrista de canciones, con grandes éxitos, como *Ponte dei baci*, canción ganadora del Festival de San Remo, cantada por Laura Pausini. También ha escrito letras para Claudio Baglioni, Luca Carboni, Franco Battiato, Maneskin, Tiziano Ferro y Eros Ramazzotti, entre muchos. Ahora graba su primer disco, titulado *Pizza di sole*, con connotados músicos de estudio, en Milán. En los descansos de las sesiones, en vez de pizza, el equipo come picadillo de papa.

MADRE

Desde el avión te veo más clara que cara a cara.
Me casé con un gol, sé que para ti fue penalti,
pero yo necesitaba salir del fuera de juego.
En camisetas me levanto en Salamanca
y me acuesto en Turín.
Los hijos del gol están bien, madre, gracias por preguntar.
Tenemos un club de esposas de jugadores,
salgo en las fotos, no me mantienen en la sombra.
Por la tabla de goleo parece que terminaré mi curso
de pastas de hojaldre. No es mala vida, madre, ¿el amor?
A mitad entre los remates rectangulares
y una sala de abordaje.

TURÍN

> *La noche es el agujero negro de los trenes*
> *y tú un viajero perseguido por una ventana.*
> BRUGO STHENBURG

Pierdo el tren que Paco de Lucía mira en Turín
y que me llevaría a tu feria sin abril.
Pongo una llama en la medianoche donde el frío
imagina estremecerte.
Será todo menos fácil, será ámbar menos carbón.
Habitar esta caja de cerillas nos permite
saber que lo que viviremos ya ha sido fotografiado.
La luz de Turín que se apaga en tu pecho
me deja yesca para encenderlo.
Un maquinista en el pasillo de licores habla con una burbuja
de *champagne,*
sin descorchar, a través del cristal, telepatía entre cascadas.
El concierto de Paco brilla lo que yo en olfatearte
entre los tulipanes.
Contigo no es la ventana, sino la adivinación de abrirla,
no es la primavera sino la catedral que la conserva,
no es el deseo sino la voluntad divina sin dioses
que merodea en tu cuerpo.
Contigo Europa es creer que reconocemos a Mina
en el tren Salamanca – Bolonia, que nos firme un autógrafo
y que lo usemos para comprar vino.
Contigo lo frito calentito,
la campana no va a misa, pero avisa,
y ¿quillo, qué hacemos esta noche?
Aurora polar sobre Turín: a Paco se le revienta una cuerda
y a ti se te desabrocha la madrugada.

VLADA LOUNGE

Nuestra intención es pronunciar una casa.
En mis poemas las casas terminan derrumbándose,
en los tuyos, migrando hacia el sur.
Abril nos da la madera, agosto la quema.
Nuestra anterior casa flota en el Paraná,
como si hubieras soñado que me besabas en Uruguay.
La casa es la textura, sus puertas
y ventanas están hechas de acacias.
Necesitamos una atmósfera de quenas, pero es jueves.
A punto de la Cenicienta la lluvia imagina que llueve.
Es suficiente.

EUROPA CASERA[63]

Mi café no aparece en el mapa de Europa,
mi taza aparece en el mapa de mi mañana.
El tranvía de Berlín no esquiva mi bonsái,
mi gato sí.
Me gusta que dibujes mapas en los que mi útero
aparece coloreado amarillo.
En la panadería no compro un bollo de demografía belga,
el tren Roma – Amsterdam no tiene estación en mi cama.
Los satélites prefieren atender los movimientos de tropas
en la frontera entre Estonia y Rusia que mirar mi *croissant*.
Uno acampa de su lado de la cama,
uno desembarca en el humo de la tetera,
en la cena no puedo decirte pásame un trozo de Portugal
como si fuera pizza, o pásame Creta como si fuera la sal.
Uno acampa a dos pasos del verano,
la fruta no cae lejos del árbol.

---

[63] Este poema de Nidia ha desencadenado el Proyecto de investigación "Relación entre lo pequeño y lo inmenso", del Instituto Otto Montfeissen, de Berlín, que ha obtenido ciento noventa millones de euros de los Fondos Europeos, y que compara objetos diminutos con masas gigantescas, por ejemplo, una taza y el Himalaya; un lápiz y el Mediterráneo, una lámpara y el Sahara, lo resultados son desiguales, y sorprendentes.

CHARD

Hay una luz. Una taza en la luz, una provincia sembrada de lagos.
Hay un alfabeto en la luz. Un nivel del mar por el derretirse de tus glaciares.
Salta la fauna. Esa pimienta que despierta en ti es Oriente.
Despierta el zoco de especies entre tus manos,
el Estambul de tu sombra,
la supervivencia de la sed en el sudor de tu espalda.
Sal de luz. Repica siendo el sol la campana.
Desnudas tu bazar
Se tuesta tu luz en mi azotea.
Hay un menú gourmet en la luz.
Una ingenuidad perdiéndose continuamente sin desparecer.
Hay costumbres en la luz. Cachorros que maman.
La oscuridad es la luz vendada.
Es pan remojado en tu aceite mi boca.
Hay luz en tu libertad.
Tu luz de harina esparcida por mi paladar.
Luz que nos escucha. Que se rasga.
Que sale de la boca de tus arañas.
Que seca la leña y destapa una cerveza de manzana.

MITAD

> *Uno está hecho de seres que no se conocen entre sí.*
> SORINE SORENSEN

La mitad de mí confía en que todo saldrá bien,
en que no perderás el vuelo,
en que aprenderás a respirar ozono en vez de aire,
en que eres un mar que besa con su oleaje.
La mitad de mí no está segura,
ha visto fuegos que no se reconocen en tu humo,
te ha visto mantenerte a flote,
confundir un cristal con el horizonte.
La mitad de mí vive en un hotel,
la mitad de mí vive en un hangar,
la mitad de mí en tu terraza,
la mitad de mí en tu pueblo con anchoas que se disfrazan
de pirañas,
en el país vacío. La mitad de mí descifra.
La totalidad de mí acepta entrevistas por mitades,
no se arriesga a la emboscada del enjambre.
La mitad de mí bebe tu mercurio,
la mitad de mí interpreta una mordida de serpiente
como un augurio.
En igualdad de armas la mitad de ti derrota
a la totalidad de mí.
La mitad de mí traga los huesos
y no se decide en ser tu tragafuego.
La mitad de mí cena en Hamburgo,
y mastica tus zapatos para que me ames.
La mitad de mí aguanta la respiración en tu naufragio,
porque alguien tiene que sacar de la jaula a tu canario.

La mitad de mí mastica y la tuya traga.
Este frío viene de Praga.
La mitad de mí se pronuncia con zeta,
y la cuarta parte de mí sube las escaleras eléctricas.
La mitad de ti no tiene hijos.
La mitad de mí bate el cóctel y no figura en los créditos.
La mitad de mí no toma nota,
no se alquila a una lámpara para inspirar sombra.
La mitad de mí es arrastrada por caballos
y está en labor de parto.
La mitad de mí no fuma[64],
la octava parte de mí se deja devorar por lobas
que buscan ternura.
La quinta parte de mí dibujaría un violín si fueras tú.
La sexta parte de mí despierta a las ocho
y no sustituye el diente que le arrancas por un diente de oro.
Una ínfima parte de mí trata sin éxito de pronunciar
la palabra futuro.
La madrugada parte de mí tiene frío.
Una insignificante parte de mí espera que la espuma
de la cerveza se disipe.
Una inesperada parte de mí tiene sed y tú te derramas.
Un grifo de mí no sabe manejar la cámara
y la toma sale borrosa.
La nube parte de mí es un escarabajo de esmeralda
que vendes
por seiscientos euros.

---

[64] Verso usado por la Organización Mundial de la Salud en su planetaria campaña contra el fumado, dejando en la cuenta de Nidia una asombrosamente cuantiosa suma no revelada.

Ya lo sé, son muchas partes, es un dios que corta tus uñas con un sable.

Un átomo de mí te ama, y se adhiere al ladrillo que un día será nuestra casa.

KRASNODAR

Cuatro mil trescientos trece kilómetros separan mi café
de Krasnodar,
llámalo ciavatta.
Nos gustan las ciudades que antes de la guerra tuvieron
otro nombre.
Nos gusta el Este, como si dejáramos encendidas luces
y nos alejáramos para verlas,
llámalo helado napolitano.
Nos gusta llamar Oriente a ese embalse que se estremece
cuando tu mano bebe de un afluente.
Llámalo enología. Te espero con un té de espumoso,
un bol de cereal, una *omelette* del Mar Negro.
Nos gusta que el agrimensor nos deslinde
de comarcas azotadas.
Llámalo Lago Como.
Hemos dispersado rumores de avistamientos
de ovnis en forma de uva, eso aumentará las ventas.
Tomar la copa la enciende con una luz que solo el vino ve,
llámalo *chianti*.
Los tártaros están invirtiendo en nuestros viñedos,
está a punto de partir el tren hacia los cellos
de la filarmónica,
llámalo tempranillo[65].

---

[65] La autora ha reconocido la influencia del poema "Llámalo", del poeta Andrés Briceño, incluido en esta Antología. En los tours de presentación de esta Antología, los autores leen ambos poemas a una voz, generando estupor en el público. La empresa de telefonía Verison ha montado una campaña publicitaria usando estos dos poemas, justamente con el eslogan: "Llámalo, llámala, llámate, llámense".

No somos de bares, comemos aparte,
no por toscos, preferimos no cruzar trigo
con otros comensales.
La ciudad es nuestro campamento. Sembramos un árbol,
cruzamos puentes que salen volando, pero estamos de paso.
Llámalo Marjorie Ross.
Tú lavas, yo tiendo, condimentas, yo siembro.
Yo lanzo botellas al horizonte, tú horneas sin molde.
Vivimos sin despensa, transportamos el fuego en piedras
y no bajamos del monte aprendidos,
Llámalo Borgoña.
A veces amanecemos en una palabra pronunciada al revés.
En una ciudad sin ángeles los demonios
trabajan doble turno,
porque alguien tiene que hacer el trabajo sucio.
Solo salimos de la noche desalojados por el sol,
cruzando la pizarra chocamos con una palabra
que fue borrón.
Llámalo Givenchy.
Los enemigos se disecan, los adversarios nos despiertan.
Quien menos corre atrapa un relámpago.
Firmamos tratos con los fantasmas.
A veces cenamos frases.
A veces amanecemos en un *volkswagen*.
Llámalo Piet Mondrian.
Vivimos arrancados de raíz. Nos movemos por escrito.
El sol es otra Luna en cuarto creciente. Eres una frontera,
elegí la zona de niebla para cruzar.
El nacimiento de una galaxia demuestra
que nuestro encuentro no fue accidental.
Ninguna ola es una redundancia del mar,
no borres nuestras huellas, y llámalo Mónica Bellucci.

> *El aluminio cree que es arcilla plateada.*
> YAICHI KISEN

Ahora que la Ciencia nos permite aluminio
para el esparcimiento
prestemos atención a tus ojos.
Reverso de agujeros que me iluminan desde adentro.
Ven, todavía están untados. Nos escuchan.
Grafitis redondeados con la tiza de una gruta.
Siguen conectados. Manan tequila.
No tienen techo. Respiran intemperie.
Su fe los lleva a no renunciar, a tocarse.
Resplandores en una piel oscura. Constantemente girasoles.
Prestemos atención al efecto del frío en su actitud.
En los caracoles se escucha la circunferencia de tus ojos.
Hoy se turnan para sostener el equilibrio del horizonte.
Devolvámoslos a su tibieza. A su madriguera.
Han desordenado la casa con su bachata.
Y chorrearon escarcha de café caliente.

PAGODA

En este libro vive una termita,
ella suma, tú restas, y así organizan la aritmética de mis días.
El niño de hierro envidia al niño de madera
porque se quema
y se convierte en humo que emigra con la brisa.
El dominio sobre sí mismo no se demuestra,
demostrarlo es ya una pérdida de control.
Las islas sumergidas preguntan a las islas de superficie
cómo es la Luna.
Tú en el fondo preguntas a la tú que flotas cómo es la lluvia.
El frío vive en el fuego,
espera a que el deslumbramiento pase,
a que se extinga el brillo, recoge lo que sobra
y extiende su dominio.
La espera la aprendió de la sombra que vive en la luz.
Y extenderse lo aprendió de la pagoda que vive en ti,
con quien no he tratado pero en las mañanas
le dejo un té en la puerta.
Me mira. La flecha que me hiere es su gratitud.
Quizá tu amor.

ILMEN[66]

Apuestas al caballo aunque sea un árbol,
una expansión, una faceta vestida de blanco.
Apuestas aunque el hipódromo sea un mar en conversación
con la tarde
en la que te recojo en el conservatorio y tu trompeta silba.
Me traduces las simulaciones de noviembre.
El vodka se derrite en luz.
Te desdoblas,
avanzas por un puente sostenido por mi sombra.
El horizonte quiere ser nada esta tarde.
Amamos nubes que callan,
que no quieren ser ni siquiera lluvia, que se cuelgan
y purifican el viento.
La huerta es sagrada sin religiones, como la etnia de menta
que dejas caer.
Boca abajo eres un experimento de la luz.
Apuesto por tu caballo aunque sea una nacionalidad
sin bandera,
ardor, subtítulo que opaca al título,
humo que se acerca para ser tu sombra.
Un esplendor que no brilla para que no lo saques de la cama,
un escalofrío que susurra las temperaturas del desierto.

---

[66] Este poema nos sorprende en un momento de expectación, porque el domingo se anuncia el Premio Nobel de Literatura y hay fuertes rumores de que podría recaer en un poeta incluido en esta Antología. No hemos podido dormir. Desconocemos el nombre; el rumor se origina en San Hatillo, por lo que su credibilidad está asegurada y comprometida. Nuestro equipo editorial ha suspendido (momentáneamente) las diferencias ocasionadas por la autoría terrestre o extraterrestre del poema *Llámalo* y se ha reconciliado al calor del tequila y de esta posibilidad. Ya estamos planeando el viaje a Estocolmo, pensando en qué ropa ponernos.

Después, yo haciendo equilibrio en tu gaviota.
Antes, el beige que se derrite poco a poco hasta convertirse.
Antes, el desfile de canciones con tacones que dejan un eco.
Ahora, dos vasos de inmensidad.
Evitar que tu espejo se reconozca en el mío.
Cada noche es un siglo hecho de segundos,
respirar en el ritmo de una máquina de coser
con cerveza en los hilos.
Y cerrar la puerta.
Y preguntarnos si habrá despertado el jaguar
de la sopa azteca.

El invierno deja en el centro del bosque
una cesta de tibieza.

Y la supervivencia es una vela,
si hemos llegado hasta aquí es porque está encendida.

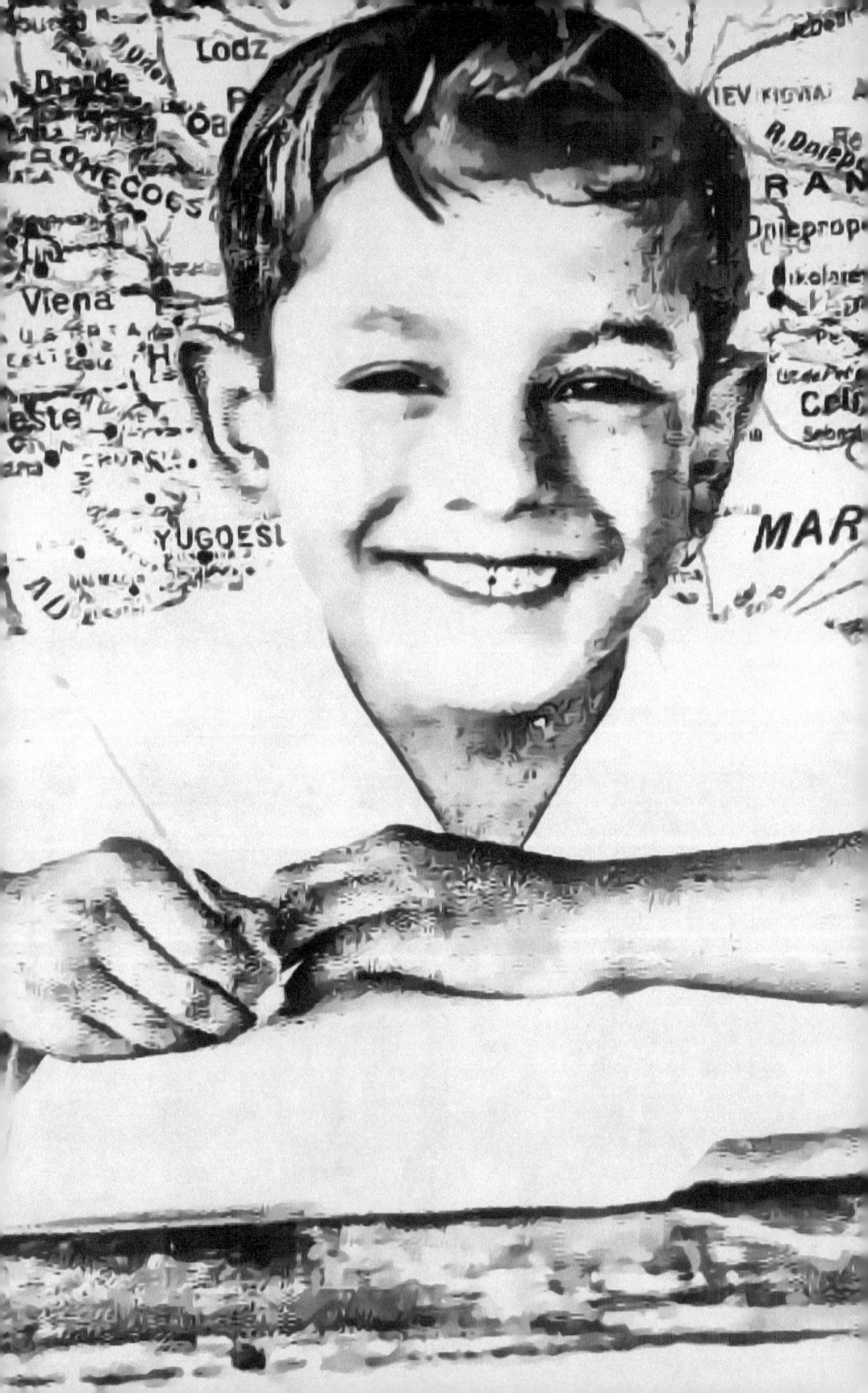

Emerich Vogl
(Antologador)

EMERICH VOGL

Se sabe poco de Emerich V, la dirección electrónica a la que los poetas enviaron estos poemas pertenece a un servidor en Hanói (Vietnam). La dirección electrónica desde la que interaccionó con los antologados pertenece a un servidor de Ereván (Armenia). Cerró sus redes sociales, siendo su último posteo una frase de la canción *Tú*, de Umberto Tozzi, escrita por el letrista Giancarlo Bigazzi: *Ho un lavoro strano* (tengo un trabajo extraño). La empresa E - Raser, con sede en Oslo, borró todo su rastro digital. Por lo que esta pequeña biografía se arma con testimonios de los pocos que quisieron hablar, por ellos sabemos que Emerich jugó dos temporadas en el Estrella de Bucarest, su comida favorita es el *sarmale*, y que prefiere un buen cabernet a un mejor merlot. Es presidente de la Asociación Rumana de Contactados por Extraterrestres, y en Poesía ha publicado: *Eres la frontera norte del Danubio*, *La batalla de los paladares*, y *El bautizo de los fresnos*. Se sospecha que trabaja en su primera novela, *El fabricante de vitrales de ermitas rurales*.

NOTA DEL TRADUCTOR

Estamos haciendo apuestas. Y buscando traductores de esta Antología para Europa y especialmente el mercado asiático, que nos interesa. Ha valido la pena llegar aquí y estamos muy agradecidos con usted, querida lectora, querido lector, por ser parte de este viaje.

ÍNDICE

Catorce poetas que beben capuchino

Aclaración ·	11
Prólogo ·	17
Marjorie Ross ·	21
Alfonso Chase ·	41
Paola Valverde Alier ·	67
Dennis Ávila ·	89
Minor Arias Uva ·	103
Leda García ·	125
Laura Vásquez ·	139
Andrés Briceño ·	159
Cristy Van Der Laat ·	179
Gustavo Solórzano-Alfaro ·	189
Diego Mora ·	207
Angélica Murillo ·	227
Jorge Arturo Mora ·	241
Nidia Marina González Vásquez ·	253
Emerich Vogl ·	273
Nota del traductor ·	277

WILD PAPERS
PAPELES SALVAJES
Experimental Poetry
Homage to Marosa Di Giorgio (Uruguay)

1
Catorce poetas que beben capuchino
José María Zonta

2
Algoritmo de RabiAmør
Nibaldo Acero

Poetry Collections

ADJOINING WALL
PARED CONTIGUA
Spaniard Poetry
Homage to María Victoria Atencia (Spain)

BARRACKS
CUARTEL
Awards Winning Works
Homage to Clemencia Tariffa (Colombia)

CROSSING WATERS
CRUZANDO EL AGUA
Poetry in Translation (English to Spanish)
Homage to Sylvia Plath (U.S.A.)

DREAM EVE
VÍSPERA DEL SUEÑO
Hispanic American Poetry in USA
Homage to Aida Cartagena Portalatin (Dominican Republic)

FEVERISH MEMORY
MEMORIA DE LA FIEBRE
Feminist Poetry
Homage to Carilda Oliver Labra (Cuba)

FIRE'S JOURNEY
TRÁNSITO DE FUEGO
Central American and Mexican Poetry
Homage to Eunice Odio (Costa Rica)

INTO MY GARDEN
English Poetry
Homage to Emily Dickinson

LIPS ON FIRE
LABIOS EN LLAMAS
Opera Prima
Homage to Lydia Dávila (Ecuador)

LIVE FIRE
VIVO FUEGO
Essential Ibero American Poetry
Homage to Concha Urquiza (Mexico)

REVERSE KINGDOM
REINO DEL REVÉS
Children's Poetry
Homage to María Elena Walsh (Argentina)

STONE OF MADNESS
PIEDRA DE LA LOCURA
Personal Anthologies
Homage to Alejandra Pizarnik (Argentina)

TWENTY FURROWS
VEINTE SURCOS
Collective Works
Homage to Julia de Burgos (Puerto Rico)

WILD MUSEUM
MUSEO SALVAJE
Latin American Poetry
Homage to Olga Orozco (Argentina)

INTERNATIONAL POETRY AWARD
PREMIO INTERNACIONAL DE POESÍA NYPP
Award Winning Authors
Homage to Feature Master Poet

Children's Literature

KNITTING THE ROUND
TEJER LA RONDA
Homage to Victoria Ocampo (Chile)

Fiction

INCENDIARY
INCENDIARIO
Homage to Beatriz Guido (Argentina)

Drama

MOVING
MUDANZA
Homage to Elena Garro (México)

Essay

SOUTH
SUR
Homage to Victoria Ocampo (Argentina)

Non-Fiction

BREAK-UP
DESARTICULACIONES
Homage to Silvia Molloy (Argentina)

For those who, like Marosa Di Giorgio, imagine that *the stars offered their branches, so [we] could climb up and flee with them / but the dawn began to color the land / and the dawn witnessed the sacrifice in the thicket*, this book was conceived as a tribute to her in August 2025, in the United States of America, by Nueva York Poetry Press, in the Wild Papers Collection.

www.ingramcontent.com/pod-product-compliance
Lightning Source LLC
Chambersburg PA
CBHW030734250426
43671CB00035B/351